《家庭教育指导手册》编写委员会

主　任　朱之文

副主任　杨银付　孟繁华　丛中笑　张东燕

委　员（按姓氏笔画排序）

于会祥　马学阳　王　东　王晓燕　边玉芳　朱　婷
刘长铭　孙云晓　李　烈　杨彩霞　张　爽　张海波
赵　刚　赵忠心　高书国　蔺秀云　霍雨佳

《家庭教育指导手册　学校卷》编写组

主　编　孟繁华

副主编　张　爽

编写专家（按姓氏笔画排序）

于会祥　王　东　王　楠　王晓燕　师月月　刘　帆
刘向娟　杨文芝　杨彩霞　张玲玲　科建宇

《家庭教育指导手册　家长卷》编写组

主　编　丛中笑

副主编　霍雨佳　马学阳

编写专家（按姓氏笔画排序）

马筱薇　王　萍　王润洁　边玉芳　任金涛　刘建国
苏　元　肖凤秋　邱天敏　张　妮　张海波　果静雅
岳　丽　单志艳　赵　刚　胡　迟　胡谱忠　钟晓琳
贺明菊　崔　岳　谢　娟　蔺秀云　霍　亮

《家庭教育指导手册》丛书总目

学校卷
家长卷（学前篇）
家长卷（小学低段篇）
家长卷（小学中高段篇）
家长卷（初中篇）
家长卷（高中篇）

丛书责编 刘立德 韩华球
本册责编 韩华球 张茹丹

家庭教育指导手册

学校卷

中国教育学会　组织编写

人民教育出版社
·北京·

图书在版编目（CIP）数据

家庭教育指导手册．学校卷 / 中国教育学会组织编写．— 北京：人民教育出版社，2020.11（2021.3 重印）

ISBN 978-7-107-35056-6

Ⅰ．①家… Ⅱ．①中… Ⅲ．①学校教育—合作—家庭教育—手册 Ⅳ．① G78-62 ② G459-62

中国版本图书馆 CIP 数据核字（2020）第 228767 号

家庭教育指导手册　学校卷

出版发行　人民教育出版社
（北京市海淀区中关村南大街 17 号院 1 号楼　邮编：100081）
网　　址　http://www.pep.com.cn
经　　销　全国新华书店
印　　刷　北京盛通印刷股份有限公司
版　　次　2020 年 11 月第 1 版
印　　次　2021 年 3 月第 3 次印刷
开　　本　890 毫米 ×1 240 毫米　1/32
印　　张　9.75
字　　数　152 千字
定　　价　36.00 元

序

办好教育事业，家庭、学校、政府、社会都有责任。家庭教育关系孩子终身发展，关系千家万户幸福，关系社会和谐稳定。党的十八大以来，习近平总书记多次强调，要“注重家庭、注重家教、注重家风”，“家庭是人生的第一所学校，家长是孩子的第一任老师，要给孩子讲好‘人生第一课’，帮助扣好人生第一粒扣子”。总书记关于家庭教育的重要论述，为我们做好家庭教育工作指明了前进方向，提供了根本遵循。

随着社会的发展，家庭面临着社会现实情况的变化，家庭教育出现了一些问题和误区。相当长一段时间以来，不少家庭往往只有一个孩子，于是多个大人呵护着一个孩子；由于年轻父母工作忙，越来越多的老人在帮助带孩子，两代人因育儿理念不一致而产生家庭教育的种种问题；特别是社会竞争带来的学业、考试、升学的压力，使家长产生了焦虑情绪。有些家长缺乏对教育规律的认识，缺乏育儿知识，往往把压力转移到孩子身上，使孩子身心不能健康地发展。有些家长对孩子期望值过高，除了要求孩子在学校中必须获得优异成绩外，还让孩子参加各种校外补习班、培训班，增加了孩子的学业负担和心理压力。有的学校办学与家长缺少沟通，致使家庭教育与学校教育割裂，家长对学校的教育教学工作，特别是教育教学改革不理解、不支持，学校素质教育难以推动。因此，家庭教育非常重要。没有家庭的支持配合，学校的工作就会事倍功半。

现在许多学校成立了家长委员会，有的还建立了家长学校，但缺乏科学的全面的家庭教育的内容。因此，编写《家庭教育指导手册》（以下简称《手册》），让校长、教师和家长都能了解家庭教育是怎么回事，如何对孩子有效地进行教育，就非常有必要。《手册》把向教育工作者和家长传达正确的教育观念、科学的教育方法，帮助学校和家庭建立起和谐、紧密的沟通联络关系，指导家长与学校共同培养身心健康、积极向上的孩子，作为编写宗旨，这也是值得充分肯定的。

一直以来，教育部高度重视家庭教育工作。特别是近年来，教育部会同相关部门印发了一系列文件，要求各地认真贯彻落实文件要求，积极开展家庭教育指导工作，不断探索家庭教育有效途径和方式，各地也涌现出了很多典型经验和做法，我国家庭教育工作取得了显著进展。2019年，教育部把推进“家校协同育人”攻坚行动列入“奋进之笔”攻坚计划，编写《手册》就是其中的一项重要工作。《手册》总结了当前家庭教育领域的最新理论成果和前沿知识，借鉴了各地家庭教育工作的典型经验和做法，围绕不同学段学生的身心特点、认知规律以及家庭教育需求，介绍了家庭教育知识和方式方法，语言平实，可读性强，易于学校的使用及家长的理解和操作。我认为，《手册》的推广使用，对各地教育部门、中小学、家长开展家庭教育工作将发挥积极的推动作用。

我经常说，无论是学校教育还是家庭教育都要回归教育的本质，那就是要立德树人，让孩子身心健康发展，快乐地成长。我相信，通过各地教育部门、中小学、广大学生家长和社会的共同努力，不断转变教育观念，改善教育方法，我们就一定能够形成家庭教育的良好氛围，促进我们的孩子幸福生活、健康成长！

2020年9月5日

（顾明远先生为北京师范大学资深教授、教育部社会科学委员会副主任、国家教育咨询委员会委员、中国教育学会名誉会长）

前言

教育是家庭、学校、政府和社会共同的责任，家庭教育工作开展得如何，关系孩子终身发展，关系千家万户的切身利益，关系到国家和民族的未来。习近平总书记在2015年春节团拜会上讲话指出，要重视家庭建设，注重家庭、注重家教、注重家风；在2018年全国教育大会上，习近平总书记指出，“办好教育事业，家庭、学校、政府、社会都有责任”，“家庭是人生的第一所学校，家长是孩子的第一任老师，要给孩子讲好‘人生第一课’，帮助扣好人生第一粒扣子”，并要求教育、妇联等部门统筹协调社会资源支持服务家庭教育。习近平总书记关于新时代家庭教育的一系列重要论述，是我们做好家庭教育工作的根本遵循。

2019年，党的十九届四中全会审议通过了《中共中央关于坚持和完善中国特色社会主义制度推进国家治理体系和治理能力现代化若干重大问题的决定》，提出要“构建覆盖城乡的家庭教育指导服务体系”，“注重发挥家庭家教家风在基层社会治理中的重要作用”。2020年，党的十九届五中全会又明确提出“健全学校家庭社会协同育人机制”。

一直以来，教育部等相关职能部门高度重视家庭教育工作，先后印发了《全国妇联教育部中央文明办关于进一步加强家长学校工作的指导意见》《教育部关于加强家庭教育工作的指导意见》《关于指导推进家庭教育的五年规划（2016—2020年）》《全国家庭教育指导大纲（修订）》《家长家庭教育基本行为规范》等一系列文件。在2019年召开的年度全国教育工作会议上，陈宝生部长特别强调：“要加强对家庭教育工作的支持，通过家委会、家长学校、家长课堂、购买服务等形式，形成政府、家庭、学校、社会联动的家庭教育工作体系。”

近年来，家庭教育工作取得许多积极进展，但还存在一些困难和问题。比如，一些家长承担监护职责的能力不够强，没有树立正确的教育观念，教育方法不够科学，不够尊重孩子权利，重智轻德的现象仍然存在，不够注重培养孩子的良好习惯，导致出现亲子关系紧张、孩子压抑、家长焦虑等问题；又如，家长与学校沟通配合不够，学校对家长如何开展家庭教育指导不够，导致家庭教育未能发挥应有的重要作用；再如，社会各界对家庭教育认识也不到位，家庭教育工作水平不高，家庭教育资源相对匮乏，相关体制机制也不够健全，学校教育、社会教育和家庭教育还没有形成良好合力……这些问题都将直接影响育人的质量。因此，高度重视家庭教育工作，切实加强对家庭教育工作的指导，在当前显得尤为重要。

为进一步增强家庭教育指导工作的针对性和有效性，推动各方高度重视家庭教育，2019年年初，教育部将“家校协同育人”攻坚行动列入“奋进之笔”攻坚计划，组织编写《家庭教育指导手册》便是其中一项重要工作。在教育部领导和基础教育司指导统筹下，中国教育学会成立专门工作组，组织众多家庭教育专家开展编写工作。《手册》分为学校卷（1册）和家长卷（5册）。学校卷基于教育部门和学校视角，期望通过学校、教师的努力，更好指导家长开展高质量的家庭教育，与学校教育形成合力，充分发挥学校在家庭教育中的指导作用；家长卷基于家长视角，以问题为导向，坚持遵循教育规律，以青少年儿童发展为本，将科学的教育理念和教育方法落实到家庭教育的实践中，引导家长更好地担负起家庭教育的首要责任。

《手册》学校卷的主要观点如下。

第一，促进孩子健康成长和全面发展是家庭教育与学校教育的共同使命。家庭教育和学校教育在培养目标上具有高度的同向性和一致性。无论家庭教育还是学校教育，都要坚持育人为本，要尊重孩子的身心发展规律和个体差异,保护孩子各项权利,创设适合孩子成长的必要条件,促进孩子自然、全面、充分、个性发展，为培养德智体美劳全面发展的社会主义建设者和接班人贡献力量。这是家庭和学校两种不同形态组织的共同责任和使命，也是学校开展家庭教育指导的基础。

第二，家长是家庭教育的主体责任人。家庭教育作为一种伴随人终身的教育形态，在人的发展中具有不可替代的作用。家庭教育是教育的起点，是人才培养的奠基工程，家庭是青少年儿童养成一定的生活习惯，自然接受亲情之爱，从而奠定人格和个体社会化基础的最重要场所。学校在开展家庭教育指导工作时，只有充分发挥家长的主体性，重视家庭与学校的平等地位，抛弃“学校依赖论”，才能真正取得实效。

第三，学校要制度化地开展家庭教育指导工作。制度是使好的愿景与理念落地生根的重要一环。若想使学校的家庭教育指导工作真正产生实际效果并可以高质量的持续，必须要在组织结构和制度创新上下功夫、做文章。各地在这方面已经取得了很多宝贵的经验，通过建立健全家庭教育工作机制，统筹家长委员会、家长学校、家长会、家访、家长开放日、家长接待日等各种家校沟通渠道，将家长委员会纳入学校日常管理，共同办好家长学校等手段，逐步形成了政府主导、部门协作、家长参与、学校组织、社会支持的家庭教育工作格局。在《手册》学校卷的撰写过程中，我们也选取了其中的一部分经验作为典型案例与广大读者分享。

第四，学校要建立一支有强烈责任心和扎实专业能力的家庭教育指导者队伍。学校开展家庭教育指导工作，队伍建设是关键。当前，各地中小学幼儿园已经逐步形成了以分管德育工作的校长、幼儿园园长、中小学德育主任、年级长、班主任、德育课教师为主体，专家学者和优秀家长共同参与，专兼职相结合的家庭教育骨干力量，在未来，可以进一步有针对性地提升家庭教育指导队伍的研究意识和理论素养，超越经验主义范畴，积极运用现代信息技术手段和成果，提高家庭教育指导工作的品质与实效性。

《手册》学校卷按照“理念与认识—原则与组织—策略与方法”的逻辑结构进行编写，共分六章。第一章，主题聚焦学校开展家庭教育指导工作的理念与认识，帮助学校正确认识家庭、学校、社会不同的育人功能，树立家校社协同育人理念。第二章，根据学校开展家庭教育工作的主要原则，探讨家教指导工作的基本形式。第三至六章，细分为学前、小学、初中与高中四个学段，按照家校协同育人、学生学习发展、学生健康成长、特殊家庭指导、家校资源开发、应对突发事件六个专题，结合不同学段学生身心发展特点与规律，从中小学幼儿园一线干部、教师在进行家教指导时存在的共性及关注度较高的问题入手，通过情境案例导入和科学分析，提供一系列可供操作的指导方法与策略。

家庭教育，任重道远。愿《手册》能为学校开展家庭教育指导工作提供参考与帮助。让我们共同努力，为家庭教育、学校教育、社会教育合力的形成做出应有的贡献。

中国教育学会

2020年10月

目录

第一章　学校开展家庭教育指导工作的理念与认识

第二章　学校开展家庭教育指导工作概论

第三章　幼儿园开展家庭教育指导的策略与方法

第四章　小学开展家庭教育指导的策略与方法

第一章 学校开展家庭教育指导工作的理念与认识

教育是一项复杂的系统工程。教育工作不只是学校和教育部门的事，家庭和社会都肩负着各自的使命和职责。每一个孩子的健康成长都是家庭、学校和社会三方面教育合力的结果。我国教育进入新时代，在加快推进教育现代化的进程中，要落实立德树人根本任务，培养担当民族复兴大任的时代新人，培养德智体美劳全面发展的社会主义建设者和接班人，就要树立全面统筹的协同育人理念，既充分发挥学校、家庭和社会三方面的教育功能，又协调好三者之间的关系，使之相互协同、相互融合、相互促进，构建良好的教育生态，形成强大的教育合力。

第一节　正确认识家庭、学校和社会的教育功能

家庭、学校和社会是人类生存发展的三大空间，是影响个体和群体发展水平与发展质量的重要因素。家庭教育、学校教育和社会教育三大教育板块构成了现代教育体系，普遍、深刻、持续地影响人的一生。

一、家庭是人生的第一所学校，家长是孩子的第一任老师

广义的家庭教育是指家庭成员之间相互的知识传授、情感交流和文化影响活动。狭义的家庭教育是指长辈特别是父母对于子女教养和培育的社会活动，包括价值传递、文化传承、习惯养成、知识（技能）传授等方面。

家庭教育作为一种伴随终身的教育形态，在人的发展中具有不可替代的作用。家庭教育是教育的起点，是人才培养的奠基工程。家庭是社会最小的细胞，也是儿童初步掌握母语，养成一定的生活习惯，自然接受亲情之爱，从而奠定人格和个体社会化基础的最重要场所。

从家庭教育的环境来看，家庭是个体生命的摇篮，是每个人生活和成长的场所，对人们的思想品德和行为习惯

发挥了潜移默化且深刻而持久的影响。从家庭教育的内容上看，教育内容往往并不是系统化、规范化的组织和安排，而是在生活中“相机而教”“遇物而诲”，具有一定的广泛性、灵活性和多样性。

从家庭教育中的教育关系来看，家长与子女以及兄弟姐妹之间具有天然的血缘关系，其血浓于水的亲情、手足之情是无可替代的、最好的教育基础。瑞士教育家裴斯泰洛齐说：“道德教育最主要的场所是家庭。”正是因为家庭教育最能根据孩子的身心发展特点实施个性化教育，最能培养孩子的情感，所以也最能有针对性地进行价值观、人生观教育。

二、学校教育是教育的主要形态，学校是育人的主要场所

与家庭不同，学校是有目的、有计划、有组织并系统地开展教育活动的专门机构。它是社会发展的产物，也是教育发展的产物。

从教育主体来看，学校由专门从事教育教学活动的教师和学生组成。教师作为专业的教育人员，具有从事教育教学的知识、能力和道德人格，肩负着教育学生的责任和使命。学生作为发展中的个体，具有强烈的发展愿望。学

校教育正是由担当教育责任的教师和具有发展愿望的学生共同参与的活动。

从教育条件与环境来看，学校具有完备的教学条件、系统的教育内容、合理的教学计划、浓郁的文化氛围，这些都是具有教育价值、有利于促进学生发展的外部资源与环境。

从教育活动自身来看，学校教育具有明确的目的性、计划性和组织性。教师在先进的教育理念指导下，围绕教育目的和教学目标，选择适切的教学方法，实施有效的教学活动，在专门的时空中对学生产生着影响。因此，制度化的学校教育具有组织性、计划性和系统性，以及良好的外部环境。

正是学校教育的这些特征，使它成为一种主导性的现代教育形态。学校教育从农业社会的“弱教育”发展到工业社会的“强教育”，在很大程度上削弱和淡化着家庭教育的地位和作用。

三、社会教育是影响最广泛、深刻的教育形态

社会教育是家庭和学校教育的继续、延伸和发展，其内容丰富多彩，方法灵活多样，若善于利用，引导得力，必然会对不同兴趣、爱好、特长的少年儿童的素质提高产

生广泛而积极的影响。

广义的社会教育，是指旨在有意识地培养人、有益于人的身心发展的各种社会活动；狭义的社会教育，是指家庭和学校以外的社会文化机构以及有关的社会团体或组织，对社会成员所进行的教育。从后者的视角分析，现代社会教育与学校教育相比，具有诸多不同之处。第一，实践性。社会教育是最广泛的社会实践活动，让少年儿童在实践和体验中成长。第二，趣味性。社会教育根据少年儿童的兴趣特点来设置教育内容，让他们在快乐中接受教育。第三，开放性。社会教育的组织形式为少年儿童提供了更广阔的交往空间，缩短了个体的社会化过程。第四，闲暇性。通过组织丰富多彩的教育与娱乐活动，社会教育客观上担负起了实施闲暇教育的重任。通过社会教育，少年儿童可以在复杂多变的社会环境中不断增强分析能力和应变能力，可以在社会大课堂中体验各种不同的社会角色，学习社会规范，扩大社会交往，养成现代化社会所需要的关键能力和必备品格。因此，社会教育对少年儿童的成长来说，同样具有极其重要的意义。

家庭教育、学校教育和社会教育均是重要的教育性社会活动，各具特点和优势，相互影响、相互作用而又不可替代。现代社会特别是进入建设教育强国的新时代后，家庭教育、学校教育和社会教育共同构成的现代育人体系，需要整体设计、统筹安排、发挥特长、取长补短，只有产生叠加效应，才能取得最佳的整体教育效果。

第二节　树立家庭、学校和社会协同育人的理念

家庭、学校和社会协同育人是现代教育发展到一定历史阶段的必然要求和必然产物，是我国今后相当长一段时间内教育改革发展的重要主题。

一、家庭、学校和社会协同育人的时代背景

进入21世纪以后，社会发展越来越快，复杂程度越来越高。人的培养和发展受到来自家庭、学校和社会全要素、全方位的整体影响。教育成为影响家庭经济水平、社会地位和人的发展的最重要因素，家庭教育越来越深刻地影响着学校教育的水平与质量。随着现代社会的发展，“学习社会化，社会学习化”已经成为现代社会和现代教育发展的重要趋势，家庭教育、学校教育和社会教育融合发展更加明显。这就要求打破家庭教育、学校教育和社会教育的界限分割，实现相互协作与融合。

首先，科学技术在20世纪突飞猛进的发展，使产业结构发生了巨大的变化，新兴行业不断涌现，传统行业逐渐萎缩。人们很难在最初的工作岗位上从一而终。

其次，知识的增长和更新，使学校教育无法为学生提

供满足终身需求的知识。学校教育只是就业之前的必要准备，学生只有不断学习才能适应未来工作和生活。

最后，企业或用人单位对人才的要求不仅是掌握知识，更重要的是具备各种能力，甚至是为人处世的行为方式，而这些能力和行为方式的获得只靠学校教育是不可能实现的。

可以说，终身教育是延续个体一生的教育理念，它突破了传统学校教育固着于人生某一特定阶段的模式，使教育成为贯穿人生始终的活动，并向家庭终身学习延伸和拓展。

要实现学习化社会，就必须从空间上打破传统教育中学校教育居于垄断地位的终极型教育形态，实现社会各部分教育之间的相互联系、相互开放和相互融合。要把家庭教育、学校教育和社会教育看成是教育中的不同组成部分，同时赋予它们不同的职能和使命，实现一体化。这样就能保证教育空间的扩大，实现全社会都成为教育责任的承担者的理想，使整个社会变成学习型社会。这也使得教育和学习不再是集中于特定时段的专门活动，而成为人生活的一部分。

现代教育不仅在时间上将扩展到一个人的终生，而且在空间上将扩展到全社会。在这种趋势下，家庭、学校和社会将构成青少年成长的一体化环境，对青少年的身心健康发展产生十分重要的影响。家庭要责无旁贷地承担起对未成年人教育的责任，学校要向全社会开放，整个社会要担负起教育的责任。

二、家庭、学校和社会协同育人的政策支持

社会主义新时代，为使教育改革进一步向纵深推进，培养德智体美劳全面发展的社会主义建设者和接班人，使教育更好地为建设有中国特色的社会主义现代化服务，必须切实重视和加强家庭、学校和社会三方面的系统性协作与融合。

2010年7月，中共中央、国务院颁布了《国家中长期教育改革和发展规划纲要（2010—2020年）》，其中特别提出：要树立系统的人才培养观念，加强学校、家庭、社会的密切配合。

2015年10月，《教育部关于加强家庭教育工作的指导意见》正式发布，其中特别指出要充分发挥学校在家庭教育中的重要作用，并提出了四方面的主要措施。

一要强化学校家庭教育工作指导。各地教育部门要切实加强对行政区域内中小学幼儿园家庭教育工作的指导，

推动形成政府主导、部门协作、家长参与、学校组织、社会支持的家庭教育工作格局。中小学幼儿园要建立健全家庭教育工作机制，统筹家长委员会、家长学校、家长会、家访、家长开放日、家长接待日等各种家校沟通渠道，逐步建成以分管德育工作的校长、幼儿园园长、中小学德育主任、年级长、班主任、德育课教师为主体，专家学者和优秀家长共同参与，专兼职相结合的家庭教育骨干力量。

二要丰富学校指导服务内容。各地教育部门和中小学幼儿园要坚持立德树人根本任务，将社会主义核心价值观融入家庭教育工作实践，将中华民族优秀传统家庭美德发扬光大。要举办家长培训讲座，开展先进教育理念和科学育人知识指导；举办经验交流会，通过优秀家长现身说法、案例教学发挥优秀家庭示范带动作用。组织社会实践活动，定期开展家长和学生共同参与的参观体验、专题调查、研学旅行、红色旅游、志愿服务和社会公益活动。以重大纪念日、民族传统节日为契机，通过丰富多彩、生动活泼的文娱、体育活动增进亲子沟通和交流。及时了解、沟通和反馈学生的思想状况和行为表现，营造良好家校关系和共同育人氛围。

三要发挥好家长委员会的作用。各地教育部门要采取有效措施加快推进中小学幼儿园普遍建立家长委员会，推动建立年级、班级家长委员会。中小学幼儿园要将家长委员会纳入学校日常管理，制订家长委员会章程，将家庭教育指导服务作为重要任务。家长委员会要邀请有关专家、学校校长和相关教师、优秀父母组成家庭教育讲师团，面向广大家长定期宣传党的教育方针、相关法律法规和政策，传播科学的家庭教育理念、知识和方法，组织开展形式多样的家庭教育指导服务和实践活动。

四要共同办好家长学校。各地教育部门和中小学幼儿园要配合妇联、关心下一代工作委员会（简称关工委）等相关组织，在队伍、场所、教学计划、活动开展等方面给予协助，共同办好家长学校。中小学幼儿园要把家长学校纳入学校工作的总体部署，帮助和支持家长学校组织专家团队，聘请专业人士和志愿者，设计较为具体的家庭教育纲目和课程，开发家庭教育教材和活动指导手册。中小学家长学校每学期至少组织一次家庭教育指导和一次家庭教育实践活动。幼儿园家长学校每学期至少组织一次家庭教育指导和两次亲子实践活动。

2019年2月，中共中央、国务院印发了《中国教育现代化2035》，将家庭教育全面纳入国家教育整体现代化体系之中，在2035年主要发展目标中明确提出：构建服务全民终身学习的现代教育体系，“实现各级各类教育纵向衔接、横向沟通，学校教育与社会教育、家庭教育密切配合、良性互动，形成网络化、数字化、个性化、终身化的教育体系”。现代化教育体系是一个复杂的综合体。学校教育、社会教育、家庭教育需要有机结合、有效衔接、相互配合。

习近平总书记在2018年9月召开的全国教育大会上指出：“办好教育事业，家庭、学校、政府、社会都有责任。”学校要担负主体责任，对学生负责，对学生家庭负责；家长要尊重学校的安排，尊重教师的创造发挥，配合学校搞好孩子的学习，同时要培育良好家风，给孩子以示范引导。而组织、宣传、文化、科技、体育等各相关单位和社会各界，则要各负其责、齐抓共管，支持学校抓好“第二课堂”建设，为学生参与社会实践创造更多机会和舞台。习近平总书记的讲话，为推进家校社协同育人提供了方向性和理论性指导。我们应该努力探索、统筹推进家校社协同育人的途径与方法，构建家庭、学校、社会“三位一体”的教育共同体。

三、家庭、学校和社会协同育人是教育改革发展的重要主题

家庭、学校和社会协同育人就是通过建立和发展家庭、学校和社区多方教育主体之间的新型合作伙伴关系，创新和重建多方合作的内容和方式，拓展教育教学资源和条件，影响和改善家庭、家教和家风，促进现代学校制度建设，强化家庭、学校和社会共育机制，实现父母、孩子与教师的共同成长，家庭、学校和社区的协调发展。随着新时代的到来，家校社协同育人将是很长一段时期内教育改革发展的重要主题。

首先，家校社协同育人是落实立德树人根本任务，形成更高水平人才培养体系的需要。家庭教育、学校教育和社会教育无论哪一个方面出现空白，都将使对学生的各种教育无法有机地衔接起来，使学生在一定的时间、空间范围内放任自流，教育环节就有可能出现“断档”“脱节”。为此，我们要加快构建家庭、学校和社会的协同教育机制，努力打造育人全链条。

其次，家校社协同育人有利于保证整个教育治理在方向上的高度一致。在教育工作中我们常常看到，学生在学校受到的思想教育，在校外会被某个家长或朋友的几句话

冲得一干二净。如果家庭教育、学校教育和社会教育在基本方向上不能保持高度的一致，那么，它们各自的作用不仅会互相抵消，还会给学生的思想造成很大的混乱。现代家庭富裕程度日益提高，独生子女、隔代抚养成为普遍现象，家长对子女溺爱的现象也日益突出，这更加要求增强社会各方面的责任感，统一组织好社会教育的工作，提高家长的素质，从而切实地做好家庭教育、学校教育、社会教育在方向上的协调一致工作。

再次，家校社协同育人有利于实现各种教育间的互补作用，从而加强整体教育治理的有效性。家庭教育、学校教育、社会教育不仅在时空上有所不同，而且在内容、方法、效果上也有各自的特点。在家庭中，由于教育者与受教育者之间有一种亲密的血缘关系，因此，家庭教育常常带有浓厚的感情色彩。学校教育具有统一性、系统性等特点，它有利于学生较为系统地掌握科学知识，形成良好的道德品质。社会教育在内容上具有多样性、实用性、及时性和补偿性等特点，所采用的方式也更加灵活多样，有利于学生了解自然和社会，也有利于学生发展不同的兴趣爱好。

因此，学校、家庭和社会在协同育人中都扮演着重要的角色，我们需要突破本位主义，发挥它们各自的教育功能。学校作为专业的教育组织，在协同育人中应充分发挥主渠道、主阵地作用。教育行政部门、学校要主动出击，开放办学，统筹引导，争取地方政府、各部门、社会机构、家长的支持和配合，促进学校教育、家庭教育、社会教育的信息共通、资源共享，使学校成为连接家庭、社会的黏合剂和桥梁。学校要树立起为家庭、社区服务的理念，坚持以学校教育系统为主导、以家庭为基础、以社区为依托、以学生为主体，从而形成良好的教育氛围和教育合力。

第三节　构建家庭、学校和社会的教育共同体

人类社会已走过传统农业社会、工业社会，进入了信息化和人工智能时代，以云计算、大数据、人工智能等为代表的现代信息技术正以惊人的速度改变着人们的学习方式，仅仅依靠传统学校教育已经无法应对未来挑战。

一、构建家庭、学校和社会教育共同体的国际探索

2015年，联合国教科文组织在其成立70周年之际发布了《反思教育：向“全球共同利益”的理念转变？》报告。该报告提出教育新理念，重新定义了知识、学习和教育。它提出在教育和学习方面要超越狭隘的功利主义和经济主义，将人类生存的多个方面融合起来，教育是全人类共同核心利益。

美国在《2000年教育战略》中指出：“为保证学校取得成功，我们要把眼光放到我们的社区和家庭上。”美国教育部“国家教育目标制定小组”将“每个学校都有责任鼓励家长与学校发展伙伴关系，促进家长参与，以帮助儿童在社会、情感以及学习方面健康成长”列为第八项国家教育目标。

日本在2000年发布的《教育改革国民会议报告》中指出："如果教育是一条奔流不息的长河，家庭教育可能就是这条长河第一滴清纯的水"，"仅依靠学校作为形成少年儿童人格的基本途径是非常困难的，因此，校内和校外的结合以使学生获得更多的直接经验就显得尤为重要"。

英国1997年发布的白皮书《追求卓越的学校教育》认为，青少年教育仅靠学校单方面的力量难以完成，需要社会各方面尤其是家长的密切配合；政府把家校合作作为教育研究和学校改革的措施之一。

相关探索告诉我们，面对未来教育的发展趋势，面对人民日益增长的物质和文化生活需要，单纯依靠学校教育已不能适应新时代发展的需要。我们需要重新思考家庭教育、学校教育、社会教育三者之间的关系，把家庭、学校、社会三个方面的力量有机组合起来，形成"三位一体"的教育共同体，共同创造有利于学生健康成长和全面发展的良好环境。

统筹推进协同育人，要坚持以学校为主导，搭建多方参与的组织平台。学校要组建协同育人中心，成员由校领导、教师、家长代表、社会机构代表、学生代表等构成，改变过去德育处、学生处等部门各自为政的局面，组建一支专兼职结合的人才队伍。学校要为家庭、社区提供多元的服务，让家长、社区得到实惠，让家长、社会企业或机构认识到参与学校工作对自身的重要价值，激发其持续参与的热情。同时，完善家长委员会制度，建立学校、年级、班级三级家长委员会。应尽可能扩大家长在班级家长委员会的参与面和参与程度，激发家长参与学校及班级事务的主动性和创造性。

建立有效的家校社协同育人机制，需要积极运用现代信息技术手段和成果。一是建立开放的网络资源平台。重视学校学习资源的共建共享，引导学生绿色上网、家长在线学习、社区共享资源，实现网络育人功能。二是建立紧密型网络联络平台。学校、班级可通过建设微信群、QQ群、班级博客等平台，将有关学校、班级、学生的最新动态及时更新发布，加强家校社区的交流互动。要注意收集问题并及时反馈，发挥舆论导向作用，传递社会正能量，及时化解矛盾。三是联合网络媒体平台。要充分利用电视、广播、报刊、网络等媒体平台，营造学校与社会合力育人的良好氛围。

二、构建家庭、学校和社会教育共同体的实施途径

家庭、学校和社会三方协同育人，是一项复杂的系统

工程，需要构建“三位一体”的教育共同体，不断创新工作模式和育人途径，促进协同育人取得实效。

（一）以育人为目的，系统设计课程体系

协同育人要通过家庭、学校和社会的协同配合，最终落实到育人这个目的上来。一是学校要根据学生、家庭、学校和社区的特点和现实条件，系统策划和设计协同育人的行动体系，以课程的形式予以固化，分年级、分层次形成连续性的课程序列，确保协同育人的科学性。二是推进协同育人的课程内容建设。重点关注学生的道德品质、人格修养、心理健康、社会实践、创新精神等方面的内容，注重与学科课程、校本课程的渗透、整合、融通，构建全新的协同育人课程体系。三是在实施时，避免传统课程知识化学习的倾向，多运用活动式、情境式、体验式、探究式等途径来开展，提升育人的有效性。比如，有些学校充分利用各行各业的优秀家长、社会贤达等资源，开设相关选修课程，既调动了校外人士参与的积极性，又解决了师资短缺的矛盾。

（二）以问题为导向，有效满足家长需求

学校推动协同育人行动的重要内容之一是对家长的教育。只有教育好了家长，满足了家长的需求，协同育人才会有持续的力量源泉。由于家长在学识、职业、子女教育问题等方面存在差异，传统的以校级、班级为单位的家长教育活动，往往针对性不强，导致家长的参与积极性不高。因此，无论是家长学校、家长会，还是其他的家长教育活动，都应该坚持以解决家长育儿过程中的实际问题为导向，针对不同的家长因材施教，分专题、分层次地用家长能够理解和接受的方式进行，确保家长学得懂、学得会、用得上。

（三）以过程为重点，充分调动全员参与

推动协同育人工作，重在过程参与。一是在深度上下功夫。让育人的价值贯穿于整个活动的策划、实施、总结的全过程。调动教师、家长、学生及有关社会人士全员、全程参与其中。二是充分发挥家长的作用。有些学校在开展大型活动时，充分发挥家长委员会的作用，调动家长分工协作，把活动组织得有声有色。三是拓展协同教育的途径。推动学校与家庭、社会的力量协同，有两种基本的途径：引进来和走出去。目前，学校在引进来这块做得比较好，但在走出去方面显得不足。如果学校能邀请家长一起，组织、参与学生的社会实践等活动，就能在很大程度上化解安全的问题，实现学校、家庭、社会的良性互动。

总之，在加快推进教育现代化，建设教育强国的新征程中，要以新发展理念统筹各级各类教育事业发展，以“教育共同体”将教育体系内原先零散的、独立的家庭、学校、社会的教育功能进行系统整合，形成具有强大教育合力的现代教育结构体系，使彼此之间相互协作，共同承担教育责任、共同发展，共同完成立德树人的教育根本任务。从长远看，新时代要努力构建德智体美劳全面培养的教育体系，形成更高水平的人才培养体系。政府、学校、社会和家庭，都要从人才强国、民族复兴、实现中华民族伟大复兴中国梦的战略高度，形成高度共识，形成合力，使学校教育、社会教育和家庭教育对接融合、协同育人，打造一个立体的、生动的、美好的教育共同体。这对培养德智体美劳全面发展的社会主义建设者和接班人，对中国两个一百年奋斗目标的实现具有重要的理论意义和现实意义。

第二章
学校开展家庭教育指导工作概论

第一节　学校开展家庭教育指导工作的主要原则

《教育部关于加强家庭教育工作的指导意见》指出，家庭是社会的基本细胞。家庭教育对于国家发展、民族进步、社会和谐、学生身心健康发展都具有十分重要的意义。当前，我国正处在全面建成小康社会的关键阶段，家庭教育工作承担着重要的责任和使命。在开展家庭教育过程中，家庭承担主要责任，家长要遵循孩子的成长规律，依法履行家庭教育职责，不断提升家庭教育水平；社会是教育的广阔场域，通过构建家庭教育社区支持体系、统筹协调各类社会资源等方式形成社会支持网络；学校同样发挥重要作用，通过培养家庭教育教师队伍、丰富学校指导家庭教育内容、办好家长学校等方式，为家庭教育提供知识和场所的支持。家庭教育指导工作的有效开展需要依据一定的原则，这不仅是学校制度设计中必不可少的一部分，更是实际工作的基本指南。具体而言，包括如下一些主要原则。

一、家校主导　目标一致

学校教育和家庭教育都是系统工程，虽然其发挥的功能和作用各有不同，但是在教育目标上应形成一致的认识。因此，学校开展家庭教育指导工作的前提是学校与家庭在教育目标上达成一致，在教育过程中保持步调协同。

二、家长主体　资源共享

充分发挥家长的主体性，强调家庭与学校的平等地位，鼓励家长在家校合作中发挥师生关系的协调者、学生学习的支持者、家长角色的学习者、学校活动的参与者的作用，同时挖掘家风、家训等丰富的家庭教育资源。

三、适度前瞻　引领成长

学校在指导家庭教育的过程中，既要着眼现实，也要适当预测教育未来发展的趋势，一方面要帮助家长解决当前面临的现实问题，另一方面也要把青少年各发展阶段的特点和可能发生的问题提前告知家长并提出相应的解决办法，对可能出现的问题进行预测和预防。

四、分层分类　多样指导

在家庭教育指导工作中，学校要针对青少年不同的发展阶段，针对同一发展阶段中不同的青少年群体，开展有针对性的分层分类指导，特别是要注重特殊儿童群体的家庭在教育过程中遇到的困惑和问题，适时对指导的内容和方法加以调整，使不同特点、不同年龄段的多样化的学生家长获得真正有针对性的教育策略。

五、科学设计　操作性强

学校要重视家庭教育指导内容的可操作性，在制度文本的设计过程中既要强调专业理论的传授，又要重视操作技能的讲解，将理论知识与实践行动有机结合，把知识转化为有效的教育行为，能在实践中运用，特别要注重通过专业人员的指导，提高家长对于难点问题的处理能力和解决偶发事件的应急能力。

六、家长视角　共情共鸣

在家庭教育指导工作中，学校要强化指导者态度的亲和性，让专业指导有效地深入家长的日常教育观念和行为中。指导者要学会角色互换，既要从理性角度为家长阐明道理，也要从家长的角度来思考问题，做到理性和感性的统一，在唤起家长情感共鸣的条件下潜移默化地渗透指导要求。

七、家校协同　合作共生

在个体发展的道路上，家庭与学校相辅相成，缺一不可。家庭是当今学校改革与发展的重要参与力量。积极探索家庭教育与学校教育的契合点，提升家校教育合力，共同打造和谐的育人生态环境，是学校培养高品质人才的必要条件。

第二节　学校开展家庭教育指导工作的组织形式

学校可采取一系列的组织形式来确保家庭教育指导工作的有序进行，具体的组织形式包括家长委员会、家长学校、家长开放日、家长会、主题活动以及学校资源网络平台等。

一、家长委员会

（一）开展形式

家长委员会（以下简称家委会）是在学校指导下，为引领家长配合学校教育教学中心工作，参与学校相关活动，促进学生全面发展而组建的家长组织。家委会是推进学校依法治校、建设现代学校制度的重要途径，是加强家校合作交流、建立家校良好关系的桥梁和纽带。一般而言，家委会由学校、年级、学生家长代表共同参与组建。

学校应充分认识建立家委会的重要意义，积极推进家委会的组建，发挥主导作用，落实组织责任；同时，学校也要充分尊重和听取家长的意见，调动家长的积极性和创造性，同广大家长一起按照一定的民主程序，遵循公正、公平、公开的原则，在自愿基础上，选举最能代表全体家长意愿的在校生家长组成家委会，确定家委会的规模和成员分工。同时，家委会委员应根据学校的实际情况，制订家委会章程，采取灵活多样的组织方式开展工作，确保家委会的工作取得实效。

家委会肩负多重职责，主要包括参与学校管理、参与教育工作、沟通学校与家庭等。在开展学校家庭教育指导方面，家委会同样发挥着重要的作用。一方面，家委会可以第一时间了解家长在家庭教育方面的困惑和需求，及时将这些内容反馈给学校作为家庭教育指导工作的重要参考；另一方面，家委会还可以发挥家长的主动性和创造性，协助学校开展丰富多样的家庭教育指导工作。比如，搜集典型的家庭教育案例，与家长交流和分享；再如，组织家庭教育指导线下活动，提升家长的教育素养与教育能力等。目前，家委会已成为学校开展家庭教育指导的参谋，有效地促进了学校的家庭教育指导工作更切合实际，更有针对性，更好地回应了家长的诉求。

（二）案例聚焦：家委会提升“家教能力”

北京师范大学青岛城阳附属学校为了加强学校与家庭的联系和沟通，形成有利于学生全面发展的教育网络，依据《教育部关于建立中小学幼儿园家长委员会的指导意见》，设立了家委会并制订了家委会章程。章程规定：家委会由学校委员（学校的领导、年级组长）、家长委员（家长或监护人）共同组成，分别设立学校家委会和家委会年级分会。同时，章程对家委会的领导机构，家长委员和学校委员的选举和聘任，家委会成员的权利、义务、职责等，都进行了比较明确和详细的规定。家委会在协助学校开展家庭教育指导、普及家庭教育知识、推广家庭教育成功经验等方面发挥了积极的作用，帮助和引导家长树立了正确的家庭教育观念、掌握了有效的家庭教育方法、提升了科学教育子女的能力。

家委会作为学校与家庭沟通的桥梁，每月都会收集家长们对于子女教育的困惑和疑问，并主动联系学校教师或社区志愿者开展家庭教育指导讲座，为家长们提供公益性的家教指导、咨询、服务。同时，根据家长需求，协助学校开展有实效性、针对性的主题教育活动。比如，邀请心理教师走进家庭，在有效沟通、情绪管理、人际交往等方面有针对性地予以指导；邀请名师团队为家长开办家庭教育理论修养、实践指导工作坊，并将专家和教师编写的家庭教育读本《陪伴》免费发放给家长阅读，让良好的育子氛围浸润家长心田。[①]

家委会在不断的发展和经验积累过程中，逐渐发挥出自主性和创造性。每学年之初，家委会成员会通过调研和走访，根据学生需求与家长资源，设计年度或学期的家庭教育工作规划，让更多的家长明确家庭教育的落脚点，参与到孩子的教育和成长中。家委会还专门为家长推出了学习提升计划——“卓越领航计划”，旨在为家长提供自我提升的学习机会。该计划的课程内容从高效沟通到情绪管理，从个人成长到亲子关系，从学习习惯到心理素质，丰富的课程为家长教育素养的提升领航。在家委会的领衔下，家长们自主成立了“萤舞飞扬家长成长俱乐部”，活动时间固定在每周四晚上7点，每次活动针对一个家庭教育主题，参与活动的家长们可以一同探讨，发表观点，梳理思路，并由专家进行点评与指导，进而制订更加有效的家庭教育方案，解决家长们的困惑。活动结束后，家委会志愿者会将讨论成果整理成文，在微信群、QQ群分享。通过制订规划、课程学习、线下讨论和实践，家长们将理论学习和家庭教育实践相结合，提升了家庭教育素养。

① 刘霄、刘鹏：《家长委员会建设的八条策略——基于北京师范大学青岛城阳附属学校的探索》，《中国德育》2019年第10期。

二、家长学校

（一）开展形式

家长学校通常是由学校或妇联等机构主办，以学生家长为主要对象，以传授家庭教育的科学知识和方法为主要内容的教育指导形式。

同时，伴随互联网的普及和发展，也有很多学校采用了在线家长学校的方式进行指导，依托微信等新媒体平台，让家长学校的在线教育成为家长日常生活的一部分。通过家长学校，家长可以掌握一些家庭教育的知识和技能，提高家庭教育质量。这既有利于青少年的健康成长，也有利于学校教育质量的提高，进而推动家庭教育与学校教育的有效结合，形成教育合力。

（二）案例聚焦：家长学校成就“美好教育”

教育家苏霍姆林斯基强调：“最完备的社会教育就是‘学校—家庭教育’。家庭以及存在于家庭中的子女与家长之间的相互关系，是智育、德育、美育和体育的第一所学校。”[①] 首都师范大学附属苹果园中学及分校秉承“让生命因教育而美好”的办学理念，通过多种组织形式开展家庭

① 肖甦主编译：《苏霍姆林斯基教育智慧格言》，人民教育出版社2014年版，第368页。

教育指导工作，尤其是在家长学校方面展开了卓有成效的探索，形成了“家校协作，点亮美好人生”的实践体系。

2017年以来，首都师范大学附属苹果园中学带领其教育集团七所成员校开展“做智慧家长，陪伴孩子成长”项目，充分利用现代信息技术，在“大美苹中”公众号和各集团校内免费推送线上和线下相结合的家长学校课程。课程依托200多名国内外知名的高校心理学、教育学、行为科学等领域知名教授、博士组成的专家团队，回答了各个年龄段家长关心的关于孩子年龄特点、认知规律、学习动机、学习目标、学习策略、学习习惯、学习效率的问题，帮助家长为学生的发展助力。集团所有家长在每周四晚8：00—9：30观看“专家工作坊”在线视频直播，其间还可以和主讲教授进行在线问答、交流。公众号中还为家长免费提供了测量孩子开学状态、学习动机、学习效率等的心理测评工具。

2018年10月，学校又与专业机构联合研发建成“家校学府”手机应用程序，便于使用者随时浏览。课程资源包括心理学和教育学相关课程、学校教育和家庭教育相关课程、学生发展状况和需求调研工具、学生心理状态和个性特征自评量表、学生发展的相关知识等，满足了幼儿园、小学、初中、高中不同学段学生家长的不同需求。

另外，线下家长学校“做智慧家长，陪伴孩子成长”系列课程同样精彩。学校定期开展专题学习和培训，例如临近期末考试，会组织“面对期末考试，家长如何帮助孩子调节情绪状态”的专题培训。类似的线下培训年均10场以上，分别安排在开学、学期中、考前、毕业季等关键的时段或者根据家长的需求进行设计。

三、家长开放日

（一）开展形式

为了潜移默化地提升家庭教育的效果，让家长更加深入地了解学校教师的教学情况以及孩子在学校的学习情况，让家长零距离地接触到孩子在学校的点点滴滴，学校可设立家长开放日。家长开放日活动，一方面可以让家长走进学校的各种功能教室和活动场地，了解学校的设施情况和教育活动，激发家长参与学校活动和管理的热情，另一方面也可以让家长参与到学生的在校学习生活中来，体验学生在校的学习生活，加强学生与家长之间的沟通和理解。家长开放日也使家长与教师有了面对面交流的机会，使家长能够直接了解自己的孩子在学校的真实表现。这不仅是同孩子们一起上了几堂课，重要的是全程参与了孩子在校的学习过程和成长过程，加深了对学校教育工作的感性认识。通过这种沟通和交流，家长与教师、学校之间建立了联系，产生了互动，并逐步形成教育的共识。

（二）案例聚焦：家长开放日促进“家校共育”

上海市嘉定区练川实验学校通过开展家长开放日活动，让不同年级的家长走进孩子们真实的校园生活，在观摩学生学习和日常生活的同时，通过学校搭建的平台开展家校共育活动，促进家长对家庭教育的理解和实践。

三年级是小学低年级到中高年级的过渡期。在这样一个特殊而关键的学年段，每一位教师都默默地努力着，关心着孩子们的学习与成长，希望能够帮助孩子们顺利地通过这个关键的“转型期”。学校邀请家长来到学校，向他们汇报学生在校的学习、生活、成长等情况后，通过数字小故事——《三年级，你准备好了吗？》向家长展示了在三年级这个关键期，学生和家长都需要关注的问题，让家长能够更好地了解孩子的需求。家长在孩子的学习中扮演了重要的角色，学校也邀请家长来共同探讨在教育孩子方面的经验，互相学习，共同成长。唐副校长强调了学习习惯的重要性，以及对孩子的期望；呼吁能够同家长更好地开展家校合作，实现快乐共赢。

而对于处于青春期的八年级学生，练川实验学校在家长开放日的活动中设计了学生、教师、家长共同参与的班会，给大家创造了无话不说的空间。期中考试情况反馈，让家长清晰地了解自己孩子的现状，更好地指导孩子如何科学学习、高效学习。八年级学生正处在青春叛逆期，家长的教育观念和方法尤为重要。教师和家长共同讨论孩子的教育问题，携手并肩，共商孩子的习惯养成及教育问题，更好地指导孩子认真学习、健康生活。教师还特别设计了家长与学生互换小卡片的环节，给孩子和家长提供互诉心里话的机会。

四、家长会

（一）开展形式

家长会是学校、家庭双方相互交流思想、共同寻找教育方法的重要途径。在家长会上，可以让家长成为主体，互相交流学生的状况以及处理家庭教育问题的方法。教师也可以以专业者的身份参与其中，基于自己的知识、经验，提出一些建设性的意见。经常与家长沟通交流，不仅有利于充分调动家长主动与教师配合教育学生的积极性，同时也有利于家长开阔思路，不断提升家庭教育的水平。

当前在家长会的组织过程中，许多学校采取了创新的家长会形式，例如在家长会的主题上给予家长更多的话语权，全面展示学生发展的优势和不足，学校作为“智囊团”为家长开展家庭教育出谋划策等，以此来提高家长会作为家校沟通桥梁的有效性。[①]

（二）案例聚焦：家长会实现“家校联合”

山东省淄博市沂源县三岔中心学校借助家长会的平台，针对农村家长管理孩子的现状与问题，向家长传授指导策略，以提升家庭教育的水平和实效性。

在家长会上，班主任首先如实介绍了班级学生的情况，把理想与不理想之处与家长进行充分的交流，共同探讨解决问题的方案。在这个过程中，针对农村家庭教育的现状，教师对家长着重进行了三个方面的指导。第一，指导家长学会赏识孩子。在家庭生活中，既不要溺爱孩子，也不要剥夺孩子的权利，要赏识孩子的一切努力，赏识孩子所取得的点滴进步，甚至要学会赏识孩子的失败，让孩子感到家长永远是自己的后盾。第二，指导家长对孩子要多一些平和，少一些苛责，以平常心对待孩子的成长。针

① 谢希红：《创新家长会形式可以提升家校教育合力》，《中国教育学刊》2016年第6期。

对有的家长希望子女有出息、有作为，给孩子施加的压力过大，而有的家长对孩子放手不管、放任自流等现象，指导家长要遵循孩子的成长规律，选择适合孩子年龄阶段的教育方式。第三，指导家长帮助孩子树立勤俭节约的意识。随着生活条件的改善，教育家长通过生活中的大事小情，帮孩子树立正确的世界观、人生观、价值观；家长还应该通过种种途径，让孩子体会劳动的辛劳和生活的不易，千万不要让孩子养成大手大脚的坏习惯。这才是对孩子真正的爱。

五、主题活动

（一）开展形式

主题活动是指学校通过提出某项有助于推动家长进行家庭教育的活动，并在过程中给予具体的指导，来帮助家长在家庭中更加科学地养育孩子。主题活动的形式多种多样。例如，北京市海淀区翠湖小学通过发起“亲子阅读在行动　书香满家筑幸福——亲子阅读‘四个一’行动倡议书”，指导家长参与亲子阅读活动。在活动中，学校提出了亲子阅读“四个一”的方法建议，即“每天共享一段亲子阅读时光”“每周进行一次家庭读书分享”“每月走进一次文化场所”“每年互写一封家书寄语”，活动内容明确而充实，具有较强的可操作性，同时也可以提升家长进行家庭教育的水平与素养。

再如，北京市石景山区实验小学通过开展“家校联动，寻家风之美，铸家风之髓”活动，将家风文化融入学校德育课程体系之中，让历久弥新的优良家风弘扬中国精神，传播中国价值，凝聚中国力量。在活动中，学校举办了“诵读家书”“寻找家风”“家风情景剧”“校本家风课程”等主题活动，使得主题教育和家庭教育融为一体，并将社会主义核心价值观融入家庭教育工作实践，将中华民族优秀传统美德发扬光大。

（二）案例聚焦：主题活动推动“爱与陪伴”

在一个春日的午后，北京市第二实验小学四（6）班全体师生和家长代表正享受着亲子阅读带来的乐趣。阅读感受分享、阅读手账展示和颁奖环节，让整个亲子共读成果汇报主题班会显得格外热闹。这一主题班会的成功开展背后，是学校为了督促家长在家中陪伴孩子阅读，进行家庭教育指导所做出的努力。2018年3月，北京市第二实验小学发出“爱与陪伴·家庭智慧阅读”倡议书，鼓励和引导家长陪伴孩子开展亲子阅读。在倡议书中，教师和家长志愿者团队共同发出如下倡议。

（1）科学制订计划。请孩子带领家庭成员一起制订家庭智慧阅读计划，并成为此项活动的“领读者”。

（2）合理安排时间。每天伴读时间至少20分钟。

（3）共读同一本书。与孩子共读一本书，鼓励孩子大胆质疑，共同交流感想，可以用各种方式记录读书心得。

（4）回归纸质书籍。回归纸质书籍阅读，放下电子产品，环保、绿色、健康阅读。

（5）展示读书成果。多给孩子创设和搭建读书成果汇报展示平台。

在此倡议的基础上，四（6）班家委会开展以《请允许我流三滴泪》《假如给我三天光明》《八十天环游地球》三本书为基础的“亲子阅读计划”，通过搭建亲子阅读手账展示平台将阅读中学到的好词、好句等记录下来，由班级小组长负责收集本组同学的亲子阅读手账图片，再由家委会按周更新全班同学的亲子阅读手账集锦，实现了同学和家长之间的交流。在10周的时间里，四（6）班共收到内容丰富、图文并茂、情感真挚的亲子阅读手账近400篇，阅读书目涉及科学、历险、童话、小说、人物传记等多个类别，取得了显著的成果。

目前，北京市第二实验小学将读书节作为一年一度常规开展的校园活动进行推广，并通过倡导亲子阅读等多样化的形式使家庭教育指导成为学校制度化、常态化的工作内容。

六、学校资源网络平台

（一）开展形式

学校资源网络平台既是学生学习的支持平台，也是家长学习家庭教育知识的重要渠道，还是学校开展家庭教育指导工作的重要途径。学校可以通过公众号和班级微信群、QQ群、博客等，加强教育动态和教育资源的共建共享。针对家长对家庭教育认识不到位，对家庭教育作用重视程度不够，对道德教育、价值观教育认识有偏差的情况，学校资源网络平台可以从以下几方面给予家长具体的指导：一是提供全面、丰富、科学的家庭教育知识，拓宽家长的家庭教育知识面；二是加深家长对学校立德树人根本任务的理解，加强家长对价值观教育、爱国主义教育等理念的认同；三是引起家长真挚真切的情感体验，充分发挥家长参与学习的主观能动性。学校资源网络平台还要深入挖掘家长的教育潜力，使家长与学校互相配合，形成强大的教育合力，从而培养学生良好的行为习惯、正确的价值观和人生观。

（二）案例聚焦：开启网络交互空间，搭建家校共育新载体

1. 开放学校扩展课程平台，家长参与选课

天津市和平区万全小学向家长开放学校拓展课程，让教育从封闭走向开放，使原来单一乏味的学习方式变得多元化，拓展了家校合作的新途径。学校针对学生的拓展课程，自主研发了选课平台，并邀请家长参与学生的网络选课。网上自主选课系统打破班级的界线，涵盖了更为丰富的课程内容，学生在家长指导下，可以从140多门拓展课程中选到最适合自己的课程。每当该选课系统开启，很多如“激光雕刻”“模拟飞行”“布袋木偶”“传统面食”等热门课程几秒钟就被抢光，火爆程度绝不亚于“双十一”的“秒杀”。网上选课模式不仅让家长全面了解拓展课程的内容与种类，更方便家长指导学生根据自身情况自主选课，让每一个学生得到更加个性化的发展。

2. 家长录课、授课，拓展家校合作更广阔的空间

教师、家长录制微课，让学习更自主。在日常教学中，天津市和平区万全小学的教师们会将自己录制的本学科微课上传到“人人通”平台，微课短小精悍、要点突出。通过和孩子一起观看微课，家长能更有针对性地辅

导孩子学习。平台上“空中素质拓展大本营”微课也深受大家的欢迎，孩子们可以和家长一起选择感兴趣的视频进行学习。中秋节，“甜心烘焙”社团录制的《自己动手做月饼》就得到很多家长和孩子的喜爱，一起动手，一起品尝，在学习中增进亲子感情。而“甜心烘焙”社团的教师，则是我们的家长，他们每周都会来到学校带领孩子们学习。他们通过网络报名参加学校素质拓展课程的微课录制，丰富了学校课程，让课程更专业。课程中家长和孩子共议选题、共商计划、共研项目、共同体验、共享成果，实现了家校教育思想与行为的高度统一，极大地避免了学生在学校内外出现双重人格和多重道德评价标准。

3. 定制家长专属网络课程平台，开启家长培训新方式

“家长也上学”是天津市和平区万全小学为推动家校协同开发的另一种重要方式。学校通过互联网人性化地构建了“温巢网络课程平台”，推出便捷、人性化的线上“和美网校”，将教学内容分模块、分年级、分系列设置。为了满足更多家长的学习需要，2017年9月学校成功上线了“和美网校”，家长登录后，可通过观看视频进行学习，并反馈学习效果。“温巢网络课程平台”具有五大优势。

优势1：10分钟课程短小精悍，手机登录，人人可学，处处可看。

优势2：分年级设置必修课和选修课，从家长需求出发，针对性和选择性更强。

优势3：案例与方法相结合，通俗易懂，可操作性强。

优势4：家长观看视频后，要完成10道题，系统自动计分。这有利于提高家长的学习积极性。

优势5：家长学习，孩子领奖。凡是学习优秀的家长，教师会在班会上授予孩子一张精美的“学爸学妈”奖状，让孩子转交给父母。小手拉大手，让学习更有目标，导向性更强。

第三节　学校开展家庭教育指导工作的队伍建设

学校家庭教育指导工作的有效开展，需要一支有强烈的责任心、工作热情以及扎实专业技能的师资队伍。2015年，《教育部关于加强家庭教育工作的指导意见》（以下简称《指导意见》）指出：逐步建成以分管德育工作的校长、幼儿园园长、中小学德育主任、年级长、班主任、德育课教师为主体，专家学者和优秀家长共同参与，专兼职相结合的家庭教育骨干力量。将家庭教育工作纳入教育行政干部和中小学校长培训内容，将学校安排的家庭教育指导服务计入工作量。

一、建立专兼职结合的指导队伍

在家庭教育指导队伍的建设上，各地依据《指导意见》精选人员，培养专兼结合、数量充足的讲师指导团队。如辽宁铁岭家庭教育讲师团由四部分人员组成：一是在职的教育行政干部和各级教育教学专家及优秀教师；二是“五老”队伍中的优秀人员；三是社会各方面的专业人员；四是教子有方的优秀家长。根据工作需要，讲师团内部分为三支队伍：专家引领的科研队伍、巡回授课的讲师队伍、实践指导的辅导员队伍。这些人统称为家庭教育指导者。人员选拔过程中先由各级各类学校按讲师标准推荐本校讲师，然后由市县两级家长学校工作指导组逐校逐人进行听课指导。初选讲师确定后，参加集中理论培训，再上岗巡回授课，经过综合考核认定合格后，由市县两级教育行政部门颁发证书。

海南省的家长学校在创办初期，是请省、市县家教讲师团的成员到校上课。随着办学规模的扩大，参加培训人数的增多，教学内容的扩展，仅靠讲师团已经远远不能满足办学需求，培养一支高素质、相对稳定的指导队伍，就成为办好家长学校的关键。于是，各学校都组建了自己的教学团队，并逐步做到校领导带头、德育教师当骨干、班主任为主体，有条件的学校还会聘请优秀家长、社会上的家教专家。

学校教师，包括校长、德育主任、年级主任、班主任等应成为学校家庭教育指导队伍的主体。教师直接与家长、学生接触，能够更有针对性地发现、诊断家庭教育中的问题并及时干预、指导。学校应按要求选拔思想品德好、业务水平高、教学能力强、热心家庭教育工作的教师，经过培训上岗，承担家长学校的教学工作。离退休老干部、有经验的退休教师等也可充分利用专长发挥余热，成为学校家庭教师指导队伍的成员。

各地妇联、教育部门普遍组建了家庭教育讲师团，学校应充分运用校外专家资源，充实本校家庭教育指导队伍力量。如2003年9月，由上海市妇联、上海市家庭教育研究会和《家庭教育时报》联合组建的上海市家庭教育专家讲师团，是上海市进行家教指导的骨干力量。讲师团专家近百人，开设的专题讲座近百个，内容包括婴幼儿早期教养、儿童发展迟缓及早期干预、智障儿童的早期干预、父母必备的教育素质、幼儿的合理喂养与生长发育、儿童的心理健康、亲子沟通、幼小衔接、家庭教育中的误区、青少年的心理特点和家庭教育、青少年网络成瘾行为的预防和干预等。

家长群体人才济济，蕴含巨大的能量。家长现身说法，相似的问题和具体的案例也更有参考的实效。各校应注重在家长学校组织的活动中让优秀家长学员脱颖而出，并吸收进家庭教育指导者队伍。晋城市实验小学成立了家长讲师团和教师讲师团，二者相互合作，轮流面向家长做主题讲座；组织“教子有方好家长”经验交流活动、家长读书沙龙等，让家长与教师、家长与家长共同探讨教育孩子过程中遇到的各种问题，更好地满足广大家长对家庭教育指导服务的需求，更大范围地发挥家庭教育指导骨干的引领作用。

二、提升指导队伍的专业化水平

家庭教育指导者需要具备高尚的思想道德水平、丰富的心理学以及教育教学理论修养和实践经验、良好的人际沟通能力以及对家庭教育事业的热爱。当前，我国家庭教育指导工作队伍还不够规范化。因此，需要培养一批专兼职相结合的家庭教育骨干力量，尤其需要提升教师家庭教育指导专业化水平。各地在提升指导教师专业化水平、加强师资培训方面有如下一些可资借鉴的做法。

（一）开发适合本地情况的精品教材

如上海市通过编写家庭教育系列教材，建立培训制度，不断提升中小幼教师家教指导的专业化水平。上海市组织相关专家和有丰富实践经验的关工委人员以及中小幼指导人员，以《全国家庭教育指导大纲（修订）》《上海市0—18岁家庭教育指导内容大纲（试行）》及相关政策文件为指南，共同编写具有科学性、可操作性且符合本市家长实际需求、具有上海特色的中小幼学校（包括职业学校）的家庭教育系列教材。推介行之有效的家庭教育指导课程与模式，编写面向普通市民与外来人员的家庭教育通俗读物，普及教育子女应知应会的基本知识，提高家长科学育儿的能力。同时，在统一教材的指导下，各校讲师应结合本校家长和学生的实际情况设计教案，增强教学的针对性和实效性。

（二）注重开展多层次、多样化、有实效的培训

多数班主任是年轻教师，他们大都没有带养孩子的经验，不了解学生的身心和思想变化规律，不了解学生家长的心理，不知道如何和家长谈话，不知道如何家访，不知道如何开家长会，他们在家庭教育指导能力和素养上有一定的欠缺。因此，加强相关教师的家庭指导专业能力培训是非常必要的。河北省定州市围绕如何办好家长学校，如何将家庭教育融入学校教育、促进学校发展的问题，分别开展校长、主管校（园）长、骨干教师三个不同层次的专题培训；组织中心校及中小学校长到邢台、藁城等兄弟县市学习考察，掌握行之有效的办学措施和方法；从全市遴选业务水平高、富有爱心和奉献精神的教师参加国家心理咨询师、家庭教育指导师培训学习。安徽省蚌埠市为提高家长学校教师的家庭教育理论和教学水平，采取多种形式培训家长学校的教师，如组织家长学校的教师集中学习、

集体备课、观摩教学等。

（三）以具体活动为抓手，在实践中促进反思，提升专业能力

提升指导教师队伍的专业化水平，还需要发挥骨干教师的示范引领作用。辽宁省阜新市彰武县教师进修学校采用全员培训、县讲师团成员集中听课，并结合各学校推荐重点培养教师的方式选择县级骨干教师。选拔出来的骨干教师继续深入学习家庭教育专业知识，通过教学研讨、专家培训、新教材培训、个别指导等方式，成长为能够引领家庭教育的专业型骨干教师。山西省实验中学积极发挥骨干教师辐射引领作用，承办山西省妇联举行的“家庭教育大篷车巡回公益讲座”活动。该校骨干教师赴吕梁、临汾、晋中等地的机关、社区、企业开展义务宣讲50余场，赢得了家长、社会的高度评价。2018年，该校荣获山西省“最美家长”公益主题活动先进单位，孙秀梅校长被评为“最美家庭教育引领者”。在中国家长教育大会上，孙秀梅校长获中国关工委颁发的家庭教育“金推手”奖。

三、开展学术研究，提升理论素养

家庭教育涉及个体、家庭、学校、社会等多重因素，问题复杂，就事论事的方案未必能够解决根本问题。为

此，加强家庭教育指导工作的理论和实践研究，提升家庭教育各实施主体的理论素养，是家庭教育指导工作不断向纵深推进的重要支持。在这方面，各地区和学校积累了不少有益经验。如上海市自1998年起坚持举办海峡两岸家庭教育学术研讨会，对提升上海市的家庭教育指导研究工作的水准起到一定的促进作用。2012年，上海市金山区教育系统关工委成立“金山区来沪务工随迁子女学校家庭教育指导工作的现状与对策研究”课题组，通过问卷调查、座谈访问、实地观察等方法对农民工子女家庭学习环境、家长文化程度、家庭教养方式与态度、家长教育期望值、社会教育与管理、学校对家庭教育指导的初步探索等情况进行全面调查，提出对策建议。河南省商丘市注重做好家庭教育科研工作，积极联系省内外在教育学、心理学、社会学、家庭教育、青少年问题研究方面有突出成就的专家作为家庭教育科研的指导教师或者学术顾问，切实指导家庭教育的理论研究和实践操作。

四、强化对指导者的激励与评估

建立和完善家庭教育指导工作的督导评估与激励机制是队伍建设的重要保障。上海市根据多年的探索，提出了较为系统的建设意见。如将家庭教育指导工作纳入教育部门工作考评系列，考评对象包括各级分管领导和基层指导单位，考评结果与绩效挂钩。建立常态化意见反馈、跟踪调查机制，完善工作方法和路径，切实提高指导工作的实效性。落实家庭教育指导专项经费，保障家长学校的办学条件，建立有效的经费督察机制。制订家长学校的办学标准和质量考核评估制度，使家长学校建设逐步做到科学化、制度化、规范化、常态化。把家长学校的办学成绩列为对教育部门政绩考核的重要内容之一，列入现代学校办学水平评估指标之中。引导学校根据本校家长、学生的实际情况创造性地办好家长学校。定期召开市级家长学校工作会议，总结成功经验，表彰先进区域、学校与个人，树立示范性家长学校。发挥家庭教育指导工作先进区域和先进学校的示范引领作用。在区县德育研究室增设家庭教育指导和研究专职岗位，以至建立专职管理和研究部门；设置家庭教育指导教师职称系列，建立家庭教育指导师的资格考核和认证制度，逐步做到持证上岗。家庭教育指导的培训可纳入教师职后培训课程，计入学分。

第三章 幼儿园开展家庭教育指导的策略与方法

第一节 家庭教育指导策略

一、尊重幼儿身心发展的特点和规律

3—6岁是儿童身心快速发展的时期。儿童的身高和体重稳步增长，大脑、神经、动作技能等获得长足的进步；自我独立意识增强，开始表现出一定的兴趣、爱好、脾气等个性倾向；初步具备自我情绪调节能力；愿意与同伴交往，乐于分享；学习能力开始发展，语言表达能力强；依恋家长，会产生分离焦虑；处于道德他律期，独立性、延

迟满足能力、自信心都有所发展。

幼儿园作为促进幼儿学习与发展的专业机构，有必要将科学的儿童观、教育观、成才观等价值观念与教育理念传递给家长，帮助家长奠定科学育儿基础。例如，应引导家长认识到幼儿发展是一个整体、持续、渐进的过程，注重幼儿身心全面协调发展，理解和尊重个体差异，不片面追求单方面发展，不盲目攀比、不拔苗助长。幼儿学习是以直接经验为基础的，幼儿园应引导家长理解“游戏是幼儿学习基本方式”的理念，认识到幼儿在活动过程中表现出的积极态度和良好行为倾向是终身学习与发展所必需的宝贵品质，重视游戏和日常生活中幼儿的习惯养成、道德培育、思维品质提升等。

二、家庭教育指导纳入幼儿园发展规划

2016年，教育部颁布的《幼儿园工作规程》明确指出：“幼儿园应当主动与幼儿家庭沟通合作，为家长提供科学育儿宣传指导，帮助家长创设良好的家庭教育环境，共同担负教育幼儿的任务。”2019年，全国妇联、教育部等九部门发布的《全国家庭教育指导大纲（修订）》对3—6岁儿童家庭教育指导内容提出八大要点：积极带领儿童感知家乡与祖国的美好；引导儿童关心、尊重他人，学会交

往；培养儿童规则意识，增强社会适应性；加强儿童营养保健和体育锻炼；丰富儿童感性经验；提高安全意识；培养儿童生活自理能力和劳动意识；科学做好入学准备。

幼儿园应基于政策要求、家长需求、幼儿需要明确家庭教育指导的方向与内容，采用科学有效的方法进行家庭教育指导。幼儿园应在三年或五年发展规划中，明确家庭教育指导的定位和计划，对幼儿家长进行有目的、有计划、有步骤的系统指导。

三、重视建立与维护良好的家园关系

良好家园关系是幼儿园保教工作和质量提升的重要组成部分，是家长认同幼儿园教育理念的基本前提，更是家园协同落实立德树人根本任务的基本保障。幼儿园应秉持开放的办园理念，通过丰富的家园活动，让家长了解幼儿园的办园理念、保教安排与幼儿的一日生活，进而信任幼儿园，参与到幼儿园的家园共育之中。

四、整合利用幼儿园、家庭和社区资源

幼儿是在社会生态系统中成长和发展的，幼儿的家庭生活、幼儿园集体生活、社区生活中存在丰富多样的教育资源和发展机会，幼儿园教师应指导和协同家长将存在于幼儿生活中不同场景的环境资源进行整合利用，充分发挥

其协调互补的教育意义与价值，促进幼儿全面、持续、健康成长。

第二节　基于主要问题的家庭教育指导方法

专题一：家园协同育人

问题聚焦：如何引导家长认同与践行幼儿园的教育理念？

首先，家长对教育理念或新活动的接纳要经历认知、认同与践行的过程，幼儿园的教育引导应遵循规律，为家长参与提供支持。其次，了解家长的需求，是建立良好家园关系的基础，也是幼儿园科学开展家庭教育指导的重要前提。最后，让幼儿成长外显化，以幼儿带动家庭是引导家长认同幼儿园教育理念并积极践行的有效途径。

精选案例：如何提高家长参与家园共育活动的积极性？

本学期幼儿园计划开展“家园共育好儿童”幼儿家庭行动计划，目的在于通过家园共育的方式落实立德树人根本任务。通过前期调研发现，大多数家长认识到培养幼儿良好品德的重要性，但在日常生活中却存在重智轻德、忽视幼儿良好行为习惯培养、缺乏科学有效方法、在主体作用发挥上不充分等问题。为了给家长提供开展家庭德育活动的主题与线索，幼儿园为每个家庭编制印发了一本家园互动手册。在活动初期，多数家长在理念上虽然认可活动价值，但在实际行动上则对活动持观望态度，普遍感觉这个活动增加了家长的负担，也会以工作太忙为由较少参与活动，导致家园互动手册或者一直空白，或者草草填写应付了事。有时候教师在班级微信群里提示多次，家长不回应也不参与。活动开始的半个多月里，教师工作非常被动，感到很苦恼，不知道如何让家长在认同“家园共育好儿童”幼儿家庭行动价值的同时，主动参与进来，让家庭德育活动丰富起来，让好思想、好品行、好习惯的培育在家庭中生根发芽。

科学分析

幼儿园基于自身教育理念策划发起一项新的活动时，对于家长来说，他们对这项活动的接纳和主动参与需要经历一个认知、认同与践行的过程。

首先，幼儿园提出的体现教育理想与办园特色的教育理念，对于家长来说，在最初认知时具有一定抽象性。这种抽象性使得家长感觉教育理念或活动与自己的距离较远、关系较弱，而且在较短的时间内不能够充分理解教育理念或一项新活动的教育价值，因此不能完全认同此教育理念，不能很好地参与体现此教育理念的各项活动。

其次，幼儿园在前期科学论证的基础上，推进一项新活动的过程是不断完善的。一项活动的有序推进一般经历计划、行动、观察、反思四个阶段，然后形成一种螺旋式上升的循环过程。例如，案例中提到的活动，在开始之初，家长参与度较低存在多方面的原因。如果教师缺乏对家长及时的观察、访谈等，没有了解家长的困难或家长对活动的建议，没有进行有针对性的引导，则会使活动受阻。

最后，家长与幼儿园之间的联系是因幼儿入园而建立起的阶段性的特殊关系。幼儿是家长与幼儿园之间关系建立与发展的基础与纽带，家长对幼儿园的信任往往是基于孩子的日常良好表现或积极变化。家长在没有看到幼儿园的教育理念或活动在孩子身上发生具体作用时，则不会认同幼儿园的教育理念，不会积极参与幼儿园组织的活动，甚至会质疑。例如，案例中很多家长在短期内没有看到或感受到家庭德育活动的效果，所以参与的热情不高。

解决办法

幼儿园要采取多样化的途径，在了解家长需求的基础上，引导家长认同幼儿园教育理念。

第一，利用多种途径和方式向家庭和社区宣传正确的教育理念和科学育儿知识。例如，利用宣传栏、网站等进行宣传，让家长了解幼儿园的教育理念，以及教育理念在幼儿园管理和保教工作中的具体体现，让家长直观地感受到教育理念能够通过具体的教育措施作用于幼儿的成长。宣传栏的设计要内容直观、内涵丰富，如富有美感的卡通形象配上童趣话语的“抱抱墙”，能够吸引家长与幼儿同时驻足欣赏与回味。此外，也可以定期举行家庭教育指导讲座，融入幼儿园教育理念。

第二，及时了解家长的需求与问题，利用教师团队研究解决。例如，针对案例中家长参与度较低的现象，教师应及时了解家长在实际做的过程中遇到的困难，发现存在的主要问题。例如，家长尽管认识到家庭德育活动的意义和价值，但没有认识到培育幼儿的紧迫性，由于思维惯性而没有及时行动起来；父母工作太忙，祖父母或外祖父母在照顾幼儿日常活动的同时没有时间完成家园互动手册；家园互动手册的一些内容不知道如何填写，家园互动手册上的页面设计制约了家庭德育活动的呈现。教师在梳理分析问题的基础上，需要及时调整改进，并继续追踪调整后的效果，同时注重团队合作，利用集体的智慧解决问题。

第三，开放办园，请家长观摩幼儿一日生活。开放办园，注重幼儿园与家长、社会的互动是现代学校制度的重要体现。请家长观摩幼儿一日生活，可以使家长更全面系统地了解幼儿园的教育理念是如何体现在一日课程安排、教育内容与教育形式之中的。此外，针对案例中的问题，教师可以主动将幼儿园开展的德育主题活动视频发给家长，一方面使家长了解幼儿园开展的德育活动，指导家长在家中参照开展，另一方面让家长看到德育活动带给幼儿的成长效果，进一步认同幼儿园的教育理念。

第四，发挥优秀家长的引领作用，做好良好家庭教育成果的展示。例如，针对案例中的问题，教师可以与家委会成员找出问题原因与解决策略；开展“家长讲故事　人人上讲台”的活动，邀请家庭德育活动的优秀家长代表，与其他家长分享育儿经验，起到示范引领作用；将家园互动手册中家长填写的好的内容与方式分享到班级微信群，供其他家长学习与交流；同时，对于家长们普遍感到棘手的问题，开办家长沙龙，请家长们一起交流自己面对孩子类似问题时是如何做的，每个家庭贡献一条经验，一个班级就可以收集到二三十条鲜活的经验。这样的交流能够为家长提供心理支持，让家长感受到，遇到育儿难题时可以向幼儿园教师、向其他家长寻求帮助。

第五，发挥幼儿的主动性，实现以幼儿带动家庭。幼儿是具有发展主动性的个体，也是幼儿园教育理念与教育活动的直接参与者和受益者。教师应该充分发挥幼儿的主动性，激发与培养幼儿的参与意识，进而以幼儿带动家庭，促进家长的自我反思与对幼儿园教育理念的融入。例如，针对案例中的问题，教师可以请幼儿分享家园互动手册中的家庭活动，带动幼儿督促家长围绕班级主题开展家庭德育活动，并填写家园互动手册。再如，教师可以设立班级劳动日，提前规划班级的卫生打扫区域，分工进行，并让幼儿学习打扫卫生的方法，引导幼儿分享劳动的感受，认识到劳动的价值，懂得尊重自己和他人的劳动成果等。幼儿会逐渐养成爱劳动的习惯并将这种好习惯带到家庭中，带动家长爱劳动。同时，教师可以将幼儿养成的爱劳动好习惯以图片、文字、视频等方式分享给家长，让家长直观地看到幼儿的成长，进一步提升家长对幼儿园教育理念的认同。

专题二：幼儿心理发展指导

问题聚焦：如何看待和应对幼儿的“想象式谎言”？

由于身心发展阶段的特殊性，幼儿可能会出现一些令家长和教师困惑或难以处理的行为。为了全面记录和合理促进幼儿心理发展，幼儿园要指导家长配合幼儿园一起建立幼儿成长档案，及时记录问题，总结育儿规律，做到科学育儿。此外，幼儿园和家长之间要搭建起高效及时沟通的平台和渠道，彼此信任。

精选案例：铭铭背后的伤从何而来？

铭铭[1]的妈妈给铭铭洗澡时，发现他后背上有一块瘀伤，她心存疑惑，询问是否有人打他，铭铭吞吞吐吐地说：“嗯，是王老师打的。”铭铭的妈妈顿时怒不可遏，又将信将疑，文静的王老师怎么会下此毒手？于是便追问道：“王老师为什么打你，怎么打的？”铭铭边模仿打人的动作边说：“我不好好睡觉，王老师就使劲打我。”孩子学得绘声绘色，这让铭铭的妈妈无法控制自己的怒火，她抓起电话歇斯底里地质问王老师。王老师被这突如其来的

① 本书中孩子的名字均为化名。

质问弄蒙了，她把铭铭在园情况描述了一遍，并表示自己没有打孩子。但是铭铭的妈妈根本听不进去，气得一夜没睡，第二天一大早就冲到园长办公室反映情况，并要求查看监控。园长也纳闷，有二十多年教龄的王老师一直很受家长认可，怎么突然打了孩子？园长一边安抚愤怒的家长，一边安排人员查看监控，结果显示与王老师的描述基本吻合，那么孩子背后的伤是从哪里来的呢？面对情绪激动的家长，园长表示一定要查明事情真相，如果确有其事，绝不姑息，但如果是个误会，也不会冤枉王老师。暂时劝走了铭铭的妈妈，园长找到王老师了解当天的情况，当她得知孩子们还去过淘气堡玩耍的时候，马上查看了活动视频，果然在这里发现了孩子受伤的原因：铭铭和几个小朋友同时在蹦蹦床上玩，他和一个女孩子发生过几次碰撞，而且撞到了后背。看到这里，王老师一脸委屈，不解地说："这孩子小小年纪怎么就学会说谎了？"

科学分析

铭铭在玩耍中撞伤了后背，当时他处在运动兴奋状态，对疼痛并不敏感，当妈妈问到瘀伤的原因时，回过神来的他就觉得痛了，这时就联想起中午王老师拍他后背帮助其入睡的动作，再加上妈妈的诱导性语言，孩子脑海中的事实和想象就混淆了，便认为是王老师打了他。

说谎是幼儿成长过程中常见的一种心理现象，“想象式谎言”是幼儿自我想象的产物，这种由想象导致的无意识说谎正是小班幼儿思维发展特征的具体显现。造成这类说谎的原因有以下几种。

一是小班幼儿记忆表象具有直观性，他们的观察能力发展不够，观察目的性不强，观察精确度不高，导致记忆与事实不符，加上语言表达不准确，说谎现象随之出现。

二是小班幼儿想象以无意想象、再造想象为主，多不受意志控制，当创造性想象开始发展时，幼儿脑海里模糊、零碎的事实就插上了想象的翅膀，谎言自然地脱口而出。

三是小班幼儿情绪起伏大，易激动且难以控制，会对成人表现出强烈的依恋。当他想要吸引成人的注意时，就可能会使用说谎的方式。

四是小班幼儿模仿能力强，喜欢模仿他们生活中熟悉的人、事、物等，可能会无意或有意地模仿成年人的说谎行为。

许多家长对“想象式谎言”这种心理现象似懂非懂。幼儿成长过程中类似这样看似不合常理的“怪现象”还有很多，这类事件一旦解决不好，可能对幼儿良好品行的塑造产生不利影响，还会导致家园合作危机，给幼儿园工作带来负面影响。

解决办法

为了找到此类事件的最佳解决办法和预防措施，更好地开展家庭科学育儿指导，园方可以采取前置性育儿指导方案，让家庭教育走在幼儿发展之前。方案内容包括以下几方面。

首先，与准入园幼儿的家庭建立长效沟通机制。教师通过问卷、访谈和家访，了解每一个家庭的带养环境、育儿理念、幼儿个性等，请家长叙述反映幼儿闪光点的小故事，为建立幼儿个性化成长档案奠定基础。为了全面记录幼儿的成长过程，教师负责收集幼儿在园活动的情况，家长负责按照表格内容记录幼儿在家情况，家园联手共同制作幼儿成长档案，以此引导家长全面客观地看待幼儿的发展，也便于教师开展有针对性的后续指导。

其次，针对新入园幼儿的家庭开展专项指导。一是编写并向家长发放涵盖2—6岁各年龄段幼儿教养问题、教养内容及教养方式的家庭育儿指导手册，对幼儿成长过程进行全面解读和具体指导；二是组织家长观看视频、讨论案例，鼓励有家教经验的家长进行分享交流，邀请专家进行专题讲座，帮助家长建立科学育儿观念，正确理解幼儿的心理和行为，特别是提高对类似问题的认识程度；三是根据幼儿的不同情况因材施教，通过分类阅读，让幼儿认识到诚实的好处以及说谎的害处，帮助幼儿克服说谎的心理；四是邀请家长来园授课，用自编的案例故事引导幼儿区分故事中哪些内容是真实的，哪些内容是虚构的，进一步帮助幼儿辨识现实与想象、真实与谎言。

最后，针对已经入园一段时间的幼儿的家庭开展渗入性指导。一是线上线下沟通互动。各班开辟家园互动专栏，让有育儿问题的家长与有成功经验的家长自由交流，实现思维碰撞，发挥同伴互助的最大效能。幼儿园还可利用微信平台和“家园互动群”等线上媒介，广泛宣传科学育儿知识，实现家园沟通的及时高效。二是家长助教互帮互促。建立家长轮流助教制度，让家长在助教实践中了解班级计划和一日常规，观察幼儿的心理及行为，更好地理解和支持教师的工作。三是引导家长在家庭中让幼儿以绘画或讲述的方式回忆其在园的一日活动，增进对孩子在园情况的了解。

专题三：幼儿生活习惯指导

问题聚焦：如何在生活习惯培养中进行生态文明教育？

2015年，《中共中央国务院关于加快推进生态文明建设的意见》明确提出要加强生态文明教育，提高全民生态文明意识，强调要“从娃娃和青少年抓起，从家庭、学校教育抓起，引导全社会树立生态文明意识。把生态文明教育作为素质教育的重要内容，纳入国民教育体系和干部教育培训体系”。

根据皮亚杰的认知理论，学前段的孩子正处于前运算阶段，幼儿对周围事物的认知更多的是依靠直觉和亲身经历。因此，幼儿园实施生态文明教育的关键在于将生态文明认知落实于幼儿的日常行为习惯，具体的实施路径在于通过组织活动，让幼儿在亲身体验中去理解、认知和解决问题。

精选案例：培养垃圾分类行为习惯，从娃娃抓起

这学期幼儿园开始推行生活垃圾分类，幼儿园里的每一个人，包括教职员工和幼儿都要按照“有害垃圾”“干

垃圾”“湿垃圾”“可回收物”进行垃圾的分类投放。对于成人尚且感到非常复杂的垃圾分类，如何让幼儿学习并掌握呢？家庭是幼儿生活的重要环境，也是产生生活垃圾的主要场所，人均产生的生活垃圾数量和种类可能比幼儿园更多。因此，如何调动家长的积极性，主动进行垃圾分类，家园合力带动幼儿养成良好行为习惯，是幼儿园教师面临的挑战。

科学分析

首先，垃圾分类是一种生活习惯。犹如整理个人物品一样，要将垃圾放入相应的垃圾袋、垃圾箱，物归其位。在以往的教育中，教师和家长更多地注重培养幼儿养成把垃圾放入垃圾桶、不随手乱扔垃圾的习惯。随着经济社会的发展和物质消费水平的大幅度提高，生活垃圾产生量迅速增长，环境隐患日益突出，已经成为新型城镇化发展的制约因素之一。作为社会的一员，成人首先需要跟随社会文明发展的步伐，在日常生活中主动进行垃圾分类，同时引导幼儿养成垃圾分类的良好习惯。

其次，从垃圾入桶到垃圾分类，对于教师和家长来说，是一种认知与行为的改变。教师和家长应从社会可持续发展、生态文明的层面深刻地认识到垃圾分类的重要性与必要性，并积极行动起来，改变已有的认知与行为习惯，主动适应垃圾分类的要求，自觉成为生活垃圾分类的参与者、践行者、推动者，进而带动幼儿行动起来，形成人人参与垃圾分类的良好社会风尚。

再次，幼儿时期是培养个体良好习惯的黄金时期，教师和家长应该充分利用幼儿成长的教育资源，帮助幼儿养成良好习惯。1978年，75位诺贝尔奖获得者在巴黎聚会。记者采访其中一位问道："在您的一生里，您认为最重要的东西是在哪所大学、哪个实验室里学到的呢？"这位白发苍苍的诺贝尔奖获得者平静地回答："是在幼儿园。""在幼儿园里，我学会了很多很多。比如：把自己的东西分一半给小伙伴们；不是自己的东西不要拿；东西要放整齐；饭前要洗手；午饭后要休息；做了错事要表示歉意；学习要多思考，要仔细观察大自然。我认为，我学到的全部东西就是这些。"对于个体毕生发展如此重要的幼儿阶段，教师应该予以重视，从幼儿入园起，从生活中的一点一滴做起培养幼儿的良好习惯。例如，从幼儿饭后分类整理餐盘、倒厨余垃圾开始，让幼儿形成垃圾分类的意识，进而形成垃圾分类的习惯。同时，要将幼儿园对幼儿进行垃圾分类的教育活动、幼儿参与垃圾分类的过程等及时反馈给家长，并请家长以身作则，指导幼儿垃圾分类行为，进而实现“1+1＞2”的教育效果。

最后，幼儿是一个具有主观能动性的个体，也是推动垃圾分类的重要力量，教师要在促进幼儿养成垃圾分类良好习惯的基础上，让幼儿将垃圾分类的益处、环境污染的案例等信息传播到家庭中，让幼儿起到带动、监督家长进行垃圾分类的重要作用。

解决办法

首先，教师和家长应站在促进社会可持续发展的高度，认识垃圾分类的重要意义和价值，站在培养担当民族复兴大任时代新人的高度，认识幼儿养成垃圾分类良好习惯的重要意义，进而培养他们形成主动建设、维护和传播生态文明的公民意识。

其次，教师和家长需要了解和掌握垃圾分类的基本原则，即减量化、资源化、无害化处理的原则。其中，减量化和资源化与教师和家长的日常生活更为密切。在日常生活中，教师和家长要以身作则减少垃圾的产出，例如到超市购物自备购物袋，外卖点餐不让餐厅提供餐具等，为幼儿做出良好的榜样示范。

再次，教师和家长对幼儿垃圾分类的引导要遵循幼儿的身心发展规律和认知特点，以形象化的内容与游戏化的形式对幼儿进行教育。

在垃圾识别方面，教师可以引导幼儿参与制作垃圾分类卡，将生活中可能产生的垃圾的名称和图片制作成卡片，进行卡片分类游戏，从而识别不同类型的垃圾。家长可以结合家庭生活与社区生活，引导幼儿不断补充垃圾卡片。

在垃圾分类的认知方面，教师可以调动家长积极性，与幼儿一起编创垃圾分类的绘本故事、情景剧等，请家长和幼儿一起进行主题展演，让幼儿能够从建设绿色地球村的层面认识到自己的小行为、小习惯的大作用；也可以结合垃圾分类制作跳棋或闯关游戏，让幼儿在寓教于乐中掌握垃圾分类的常识与技能等。

在垃圾分类的习惯养成方面，幼儿园可以指导幼儿对游戏环境中产生的垃圾进行分类。例如，剪纸剩余的纸片属于“可回收物”，电动玩具的含铝废弃电池属于“有害垃圾”。

为了形成垃圾分类的良好氛围，可以让家长定期分享经验，自己是如何在家庭生活和社区生活中以“垃圾分类”为主题对幼儿开展生态环保教育的，形成“家家讲故事，人人上讲台”的良好风尚。

最后，教师和家长应充分发挥幼儿参与垃圾分类教育的潜力。例如，教师可以带领幼儿走进社区，向社区居民和家长们展示垃圾分类的绘画作品，开展垃圾分类卡片游戏，展演情景剧等。这既可以向社区居民传播垃圾分类的知识与方法，又可以让幼儿在活动中感受自身的价值，培养生态文明主人翁和守护者意识，进一步强化他们进行垃圾分类的良好习惯。

垃圾分类习惯的养成不是一蹴而就的，需要教育者持之以恒、以身作则，形成良好榜样，同时坚持培养幼儿的良好习惯，推动家庭、学校、社区形成合力，让幼儿形成将垃圾分类的良好习惯，保持认知与行为上的一致性和稳定性。

以下，附上垃圾分类活动设计方案，作为参考。

活动名称：我做环保小卫士

总体目的：形成保护环境的意识，并且行动起来主动保护环境，做到“知行合一”。

活动一：垃圾分类从我做起

活动目标：让儿童从垃圾分类做起，主动保护环境。

活动过程：

（1）教师和幼儿一起利用生活中的废旧物品制作垃圾桶，并标明垃圾桶的用途，例如分别存放“厨余垃圾”“其他垃圾”“可回收物”“有害垃圾”；

（2）幼儿与家长一起提前了解生活中的各种垃圾，并且通过绘画、塑封等方式制作垃圾分类卡片；

（3）教师介绍不同的垃圾桶存放的垃圾；

（4）幼儿将自制的垃圾分类卡片分别投放进垃圾桶；

（5）教师指导幼儿在园就餐后，将餐后垃圾进行分类投放。

【设计意图】通过家园协同引导幼儿结合日常生活了解垃圾分类的常识，并且结合日常生活进一步加深幼儿对垃圾分类常识的理解，主动行动起来，做到“知行合一”。

活动二：垃圾变废为宝

活动目的：让儿童知道很多生活垃圾是可以再利用的。

活动过程：

（1）幼儿与家人利用生活垃圾进行手工制作，然后在班级中展示介绍；

（2）教师搜集生活垃圾变废为宝的图片和影视资料，让幼儿观看；

（3）幼儿分小组进行垃圾分类与利用的闯关游戏。

【设计意图】幼儿与家人进一步熟悉垃圾分类的常识，并且在进行手工制作的过程中有意识地将可回收垃圾利用起来；闯关游戏以寓教于乐的方式进一步强化幼儿对垃圾分类的了解，激发他们主动利用可回收垃圾进行创作的兴趣。

活动三：我为环保做宣传画

活动目的：让儿童成为保护环境的倡议者、宣传者。

活动过程：

（1）根据前面活动学习的内容，每名幼儿制作一幅宣传画；

（2）在班级展示宣传画，家长一起参与展示活动；

（3）在社区展示宣传画；

（4）在社区展示期间，幼儿和家长进行垃圾分类与利用的情景剧展演。

【设计意图】以幼儿带动家庭，以家庭带动社区，形成人人参与垃圾分类的良好氛围。

专题四：特殊儿童家庭指导

问题聚焦：如何为特殊儿童提供成长支持？

特殊儿童也有生存与发展的权利，渴望得到他人的理解与关爱。幼儿园应以包容尊重、温和公正与鼓励支持的方式引导特殊儿童家长正视问题、积极行动。幼儿园要创设有利于特殊儿童发展的良好环境与氛围，发现特殊儿童的潜能，让每一名有特殊需求的幼儿成为自我发展与他人发展的重要资源。对幼儿教师而言，需要专业支持以更好地帮助有特殊需求的幼儿。幼儿园可通过专题学习、集体教研、角色扮演等方式提升教师专业能力，加强团队建设，强化师德师风。

精选案例：班里有来自星星的孩子

小星星在刚入小班时和其他幼儿不太一样。清晨入园时，老师热情地向他打招呼："小星星，早上好！"小星星抬头呆呆地看着老师，却始终不说话，甚至连嘴唇都没有动一下。在教室里，他总是趴在地上，老师让他起来，他好像没有听见一样，时而还哭闹不止。老师的安慰对他一点儿不起作用。时间一天天地过去，小班的幼儿逐渐能在游戏区域独立游戏了，可小星星总是独自呆呆地坐在一边，有时玩自己的手指头，并不时地自言自语，但老师听不明白小星星说的意思。老师跟他聊天，把玩具放在他面前说和他一起玩，他也不理睬老师，不经意间还会大哭起来。尤其是午睡时，小星星无论何时睡醒总会大哭，哭声特别响亮，午睡中的孩子们会瞬间被哭声吵醒，而且在他哭时老师怎么哄劝都没有用处。

班级来了这样一个特殊的幼儿，如何让他正常参与到班级活动中成为令老师们苦恼的事情。多名家长也开始陆续向老师反映小星星影响到自己家孩子的午休，说自己家孩子中午经常被小星星的哭声吓醒。后来家长们联名写信给老师要求小星星转班或转园。

科学分析

幼儿园一日生活皆课程，平时每班两名教师承担着全班二三十名幼儿的保教工作，高负荷的劳动已经使他们承受着较大的职业压力。如果班里有自闭倾向、多动倾向、攻击倾向等特殊儿童时，对幼儿教师来说无论是时间与精力的投入，还是教育引导的专业性要求方面，都是巨大的挑战。

首先，特殊儿童对新环境的适应性较差。由于存在不同的生理与心理问题倾向，特殊儿童的语言表达、情绪情感表达、行为表达等存在不同程度的问题，这制约了他们与周围人建立良好的关系。特殊儿童第一次走出家庭，进入幼儿园集体生活，面临陌生的幼儿园环境、教师与同伴时，对新环境往往缺乏安全感、对他人的防御性较强，对环境中的声音、物品摆放等比较敏感。例如，案例中的小星星会无缘无故地大哭或者午睡醒来大哭等都是缺乏安全感的表现。

其次，家长一般不愿意承认自己的孩子存在心理问题或问题倾向。每一个孩子的出生与成长都承载着成人诸多的美好期望。如果家长没有将孩子作为一个独立的个体来看待，而是将孩子看作自己的附属物，则更不愿意承认孩子的问题或问题倾向。因为对他们来说，承认孩子的心理问题或问题倾向，就代表了自己的失败或自己的问题。因此，很多家长即使发现孩子跟同龄孩子存在差异或发展上的滞后，也不愿意承认。也有的家长缺乏识别孩子心理问题的专业知识，或缺乏向医生寻求帮助的主动意识，会用“长大了就好了”等观点进行自我安慰。例如，教师向家长反馈小星星在园的一些异常表现时，小星星的父亲一开始非常排斥，说孩子在家里表现非常好，“自己看书看得可好了”。

再次，特殊儿童的存在容易产生家园矛盾。特殊儿童的一些异常行为表现既会影响班级活动的有序组织，又会干扰其他幼儿的正常生活。当其他幼儿经常受到干扰或利益受损时，则容易引起家长不满，如果教师不能够及时有效解决，则容易产生家园矛盾。

最后，幼儿教师往往缺乏对特殊儿童进行专业引导与训练的能力。幼儿教师虽然接受过职前专业教育，但仍不能胜任特殊儿童的教育。例如，自闭症儿童的识别与教育、多动症儿童的识别与教育等都具有很强的专业性，需要教师或工作人员接受过专业训练，而且对这些特殊儿童的教育也需要有专门的场所，配备专业的训练器械。

解决办法

每一个孩子都是独立的生命个体，他们都有生存与发展的权利，作为教师应该公平公正对待每一名幼儿，担负起促进每一名幼儿健康成长的职责。

第一，尊重和促进儿童发展的权利。儿童是有权利的。早在1989年联合国大会通过的《儿童权利公约》，共54项条款，规定了世界各地所有儿童应该享有的数十种权利。《中华人民共和国未成年人保护法》在总则中也规定未成年人依法平等地享有生存权、发展权、受保护权、参与权和受教育权等基本权利。作为教师，需要树立科学的儿童权利观，尊重每一名幼儿的生存与发展权利，并因材施教，促进他们更好地发展。

第二，识别特殊儿童。对特殊儿童的识别是对他们进行有效教育的前提，也能够防止其他幼儿受伤或产生家园矛盾。当教师发现幼儿在语言表达、情绪情感表达、行为表达等方面存在问题或发展水平明显滞后时，要建议家长带他们到专业机构进行检查诊断，以使幼儿尽早得到专业的帮助。

第三，创设有利于特殊儿童发展的良好环境与氛围。根据美国人本主义心理学家马斯洛的观点，每个人都有归属与爱的基本需要，即每个人都希望归属于一定的群体，并得到群体的认可、接纳与关爱。如果有特殊需求的幼儿感受到群体是友善的，他们会慢慢对群体产生安全感，并学着去适应。例如，案例中的小星星每天到园后，班里教师都会与他拥抱，并亲切地说“早上好”，让小星星感受到来自教师的那份友善。尽管在入园适应阶段，小星星对于教师的问好与拥抱几乎没有反应，但随着教师日复一日的坚持，小星星开始有了回应，例如微笑和主动拥抱的动作。因此，教师首先要以接纳的态度对待有特殊需求的幼儿，并在环境设置时充分考虑这些幼儿的需要。

同时，教师应倡导班级每名幼儿和家长对有特殊需求的幼儿抱以接纳和友好的态度，接纳个体差异，接纳多样化。从生态观的角度来说，班级每一名幼儿都是自我发展与他人发展的重要资源，包括有特殊需求的幼儿。例如，老师主动引导其他幼儿认识小星星的心理世界、他遇到的困难及其优点等，这对于其他幼儿来说是一种成长的资源，他们在这个过程中逐渐学会理解和接纳他人，学会主动关心与帮助有需求的人。

第四，加强特殊儿童的日常家庭教育指导。教师在观察了解有特殊需求幼儿特点的同时，可以通过家访了解幼儿的家庭背景、父母教养理念与教养方式、亲子沟通等情况，在此基础上与家长沟通育儿方案。教师可以将幼儿在园的日常表现，以图片、视频等方式发给家长，这样做的好处有以下几点：一是让家长信任幼儿园，教师会积极地采取措施引导幼儿适应集体生活；二是让家长看到幼儿在教师的引导下表现出的点滴进步，激励他们进一步与教师携手共育幼儿；三是为家长教育幼儿提供一些参考。在与特殊儿童家长沟通时，教师还需要注意方式方法，在指出幼儿问题的同时需要为家长提供可行性建议，在表达幼儿为其他幼儿带来麻烦的同时肯定幼儿的优点与进步。例如，面对具有攻击倾向幼儿的家长，如果教师每次沟通，都让家长感觉到是在“告状”或指责孩子的问题，则会让家长产生排斥心理，不利于良好家园关系的建立和幼儿的健康成长。

第五，在幼儿园开发感觉统合训练课程对幼儿进行专业指导，或借助社会力量对特殊儿童进行指导等。例如，对于案例中的小星星，教师与家长沟通对小星星的教育方案，建议让小星星参加感觉统合训练。幼儿教师与感觉统合训练教师相互交流小星星在幼儿园的生活情况和参加感觉统合训练的情况，多方面教育形成合力，共同促进小星星的进步。

第六，加强团队建设，提升教师专业能力与师德师风。对于典型的特殊儿童的教育，幼儿园需要加强集体教研，分析幼儿的心理需求与教育支持的可行性方案。例如，围绕小星星的案例，幼儿园组织了师德活动，不同的教师分别扮演小星星、小星星的父母、教师以及小星星班级的其他家长，围绕小星星的教育以及教育中出现的冲突情境进行角色扮演。教师在这个过程中既交流了教育策略，又以共情的方式体会不同角色的感受，这有助于教师更好地理解有特殊需求的幼儿，并进行专业化的引导。

专题五：统筹开发家园指导资源

问题聚焦：如何让科学育儿理念走进社区？

以幼儿园为基地开展社区0—3岁儿童早期教育服务应注重社区自然和人文场所资源的利用，发挥自身优势，以“请进来”与“走进去”的形式，参与社区文化建设，重在帮助家长树立正确的教育观念，掌握科学的育儿方法。

精选案例：走进已经被“早教化”的社区

为了进一步发挥幼儿园的示范引领作用，最大化地满足0—3岁儿童家庭对早期科学育儿教育的需求，某幼儿园的早教基地加快转变发展模式，从最初的以开展日常亲子活动为主转向以开展社区公益活动为主。当教师真正走进社区时，发现“社区公益活动”在周边社区并非新生事物，很多早教机构为了扩大招生与影响早就进入了街道，并且频繁地在社区开展活动。用社区工作人员的话说，家长已经被“早教化”了。对此，教师们感到困惑：幼儿园早教基地的公益活动的意义体现在哪里？如何做到既不与其他早教机构的内容重复，又能满足不同家长的需求？如何真正为家长解渴，而不成为食之无味、弃之可惜的“鸡肋”？

科学分析

以幼儿园为基地开展社区0—3岁儿童早期教育服务，是一项相对较新的工作，在内容和形式上与幼儿园的日常工作存在很大的不同。幼儿园将科学育儿理念普及传播到社区主要存在以下几方面的困难。

第一，原有早教机构的活动影响社区对幼儿园开展社区早教服务的认识与态度。例如，案例中幼儿园的教师来到社区向社区工作人员说明意图时，对方最初认为这只是在原有早教机构活动基础上的简单叠加。

第二，幼儿园面向社区开展早教服务的途径有待于探索。如何在幼儿园探索一条因地制宜开展社区早教工作的新途径对幼儿园也是很大的挑战。例如，如何将散居的社区居民组织起来或者深入家庭实现精准服务，满足家长需求，就是一个很大的难题。

第三，幼儿园面向社区开展早教服务的内容与形式有待于探索。从幼儿园面向社区的早教服务的定位来说，既要面向孩子，给孩子创设适宜的教育环境，提供游戏材料；更要面向家长，给家长提供育儿咨询与指导；还要面向社区，在社区营造重视科学育儿的良好氛围。以什么样的内容与形式支持儿童、家庭和社区并付诸实际行动，对幼儿园来说需要进行实践研究与探索。

解决办法

第一，家庭、社区和幼儿园需要充分认识到三方资源整合服务于科学育儿的重要性。从儿童发展的生态系统来说，家庭、社区和幼儿园是不可分割的影响儿童成长的环境因素。家庭是0—3岁儿童最早接触的环境，是影响儿童早期成长的重要因素，也是早期教育的落脚点；社区是0—3岁儿童居住、生活与交往的主要场所，也是他们接受公共服务最方便的场所，还是幼儿园与家庭的外部大环境；幼儿园作为专业团体，为家庭和社区开展早期教育提供专业指导。因此，家庭、社区和幼儿园在儿童早期教育方面具有目标的一致性、内容的融合性、功能的互补性。家庭、社区和幼儿园资源整合形成合力，对于儿童健康成长具有重要的意义和价值。

第二，以科研为先导，形成有“针对性”与“层次性”的解决方法。作为一项探索性的工作，以幼儿园为基地开展社区0—3岁儿童早期教育服务，需要加大教研、科研力度，基于国家政策要求、儿童发展需要与家长育儿需求，科学解决问题，即以科学的方法指导家庭科学育儿。例如，案例中的幼儿园为了达到服务不同人群的“针对性”和“层次性”的目的，首先开展了现状与需求调查。设计“社区公益活动调查问卷”，调查社区家庭的基本情况和养育方式，家长对早期教育的理解，家长对公益活动的需求等。在分析家长科学育儿的知识水平和困惑的基础上，形成社区服务方案，进而开展有针对性的公益活动，提供不同层次的早教服务和指导。每次活动之后，都请家长填写活动反馈表，提出改进建议。

第三，以“请进来”与“走进去”的形式，参与社区文化建设。“请进来”是邀请社区0—3岁儿童及其家长到幼儿园活动场所，共同体验丰富多彩的玩具，参加教师精心设计的亲子游戏，听科学育儿知识讲座，等等。例如，有的家长具备一定的早教知识和水平，可以给他们提供更加丰富和多样化的活动；而对于“零基础”的家长，则提供普适性和基础性的早教知识和服务。

“走进去”则是教师带着玩教具走进社区，通过开展公益活动参与社区的文化建设。例如，有的社区设置了0—3岁儿童活动的场所，甚至有了阅读角，但是缺乏专业教师。教师走进社区以后，帮助社区工作人员建设社区的儿童活动基地或者阅读角，为社区科学育儿理念与方法的推广提供支持，促进社区形成良好育儿氛围。

“走进去”还包括走进社区的家庭开展入户家访。例如，教师来到一户父母从农村到城市打工、母亲全职照顾孩子的家庭。经过访谈，教师发现孩子存在语言发展滞后现象。深入了解发现，家庭中缺少刺激儿童语言发展的环境，父母日常与儿童交流频次较低等。教师根据家庭的情况给了父母一些针对性的建议，如亲子阅读等。

在“请进来”与“走进去”的过程中，幼儿园在加强自身教师团队早教服务能力上，可以充分发挥家长资源，邀请家长志愿者一起参与早教服务，传播科学育儿理念与方法，参与社区文化建设。

专题六：应对突发事件

问题聚焦：幼儿在园受伤之后，如何进行应急处理？

在幼儿园工作中，幼儿安全是第一位的。教师应做好日常安全防护、幼儿安全教育，协助家长树立科学合理的安全意识。当幼儿在园受伤时，教师应按照幼儿园应急处理流程规范处理，这既能够保障问题顺利解决，使幼儿得到及时的治疗与后续的权益保护，又能够保障教师的合法权益。此外，良好的家园关系是幼儿意外安全事故有效处理的优质“土壤”。应通过加强安全管理制度建设、开放办园鼓励家长参与、意外事件处理中注重人文关怀等渠道营造和维护良好家园关系。

精选案例：幼儿在园意外磕伤

教师带班里幼儿坐在舞蹈教室门口的排椅上，等待教室开门。民民看教师坐在椅子上，就爬到教师的腿上坐下来。舞蹈教室的门开了，民民想从教师的腿上跳下来，这时意外发生了，民民因个子矮，坐在教师的腿上脚未着地，起身跳时没用上力，结果下巴重重地磕在地上，鲜血直流。教师马上抱起吓蒙的民民，跑着冲向了幼儿园医务室，由保健医第一时间进行伤口初步处理。同时另一名带班教师给家长打电话，说明事情的经过，以及保健医建议的后续医疗处理。征求家长意见后，教师带着幼儿到医院，然后在医院与家长会合。

科学分析

在幼儿园工作中，幼儿安全始终是第一位的。以下几方面的原因使幼儿园容易出现幼儿安全问题。

首先，幼儿身体协调能力正在发展，身体发育尚不成熟，协调能力较差，在活动过程中容易出现安全问题。如果教师担心幼儿安全而减少他们的户外活动或者跑跳攀爬运动等，则会影响幼儿身体协调能力的发展。

其次，幼儿的自我保护能力较弱，尚未形成良好的安全意识和安全能力。3—6岁的幼儿喜欢运动，但受到认知能力发展的局限，他们不能很好地预测自己行为的后果。正如案例中的民民，他欢快地起跳，结果使自己的身体失去平衡，重重地摔在地上。

再次，幼儿园存在安全隐患。幼儿园的一些不安全因素，容易引发幼儿安全问题。例如：幼儿玩小颗粒的玩具，容易吞咽或者塞到鼻孔而发生危险，幼儿男女分厕后，如果厕所门设计不合理，容易挤到手；一些木质的滑梯如果不及时维护，产生的木刺容易划伤幼儿；等等。日常管理中，消防安全、食品安全等往往受到幼儿园的重视，而一些育人细节方面往往容易被忽视，成为潜在的不安全因素。

当安全问题发生之后，家园关系基础、教师的处理方式、幼儿园应急处理流程的规范性等，都是影响幼儿安全事故处理效果的重要因素。

首先，良好的家园关系是有效处理幼儿意外安全事故的优质“土壤”。而在不良的家园关系下，幼儿意外安全事故的发生则可能会成为家园冲突爆发的导火索。

其次，教师第一时间救治幼儿，并联系家长说明情况是安全事故有效处理的重要基础。如果教师担心承担责任而掩盖事实，则会导致出现新的问题。

最后，教师按照幼儿园应急处理流程规范处理，既有利于问题顺利解决，使幼儿得到及时的治疗与后续的权益保护，又能够保障教师的合法权益。

解决办法

从幼儿园管理层面来说，应做好以下几方面的工作。

第一，加强幼儿园安全管理工作，安全管理制度明确、职责清晰、责任到位。例如，做好日常风险评估与防控，有幼儿伤害事故处理预案与流程，有解决家园纠纷的预案与流程。幼儿园安防监控系统24小时运行，达到全园覆盖无死角；安防监控系统有专人管理，视频记录至少保存30天。

第二，幼儿意外安全事故发生后立即启动应急处理预案，进行应急处理。例如，第一时间救治幼儿、处理事故损害赔偿事宜等。处理过程中，要明确责任，必要情况下运用法律保护双方利益等。对于重大的纠纷，有记录、有反思。

第三，开放办园，鼓励家委会有效受理、核实、处理、反馈家长提出的问题和诉求。幼儿园要充分发挥家委会参与民主管理与监督的功能，促进幼儿园管理的完善、问题的有效解决、良好家园关系的建立等。

从教师层面来说，应做好以下几方面的工作。

第一，教师需要做好日常环境的安全防护。包括材料的安全，如桌椅、玩具、绘画材料、手工制作材料等的安全；地面的安全，如地面有水及时擦干；用水用电的安全；等等。

第二，加强幼儿安全教育。在幼儿园开展安全主题教育，告知幼儿基本的安全常识，培养幼儿良好的生活习惯、规则意识；充分挖掘家长资源，邀请家长助教，例如举办交通安全、消防安全、食品安全等讲座。同时，向家长宣传安全教育常识，家园共育培养幼儿良好的安全自护能力。

第三，当幼儿受伤后，教师要第一时间救治幼儿，按照规范进行应急处理，并注意维护良好的家园关系。救治过程中要向家长如实说明情况，事后要对幼儿和家长进行人文关怀。例如，案例中的民民受伤之后，教师每隔一天就给家长打电话询问民民的情况，并表达教师和小朋友对民民的关心。家长也很客气，让教师别担心。周末，班级三位教师和幼儿园园长一起买了水果和玩具到家里看望民民，民民的家人很热情，还历数了教师日常工作的重点，对教师表示感谢。

第四章 小学开展家庭教育指导的策略与方法

第一节 家庭教育指导策略

小学是儿童从幼儿成长为少年的关键时期。从以游戏为主要方式学习到学科课程的学习，儿童面临的挑战很多，家长、教师和学校需要尊重规律，系统设计，真诚合作，共同引领、陪伴和见证孩子成长。

从学校的视角来看，开展家庭教育指导工作，需采取以下策略。

一、以儿童的全面发展与健康成长为本

家庭教育、学校教育、社会教育构成现代教育体系中并立的三大教育板块，在人的成长过程中承载着不同的功能，具有不同的特点。但是，它们面对共同的儿童，最终的目标都是促进儿童健康成长，“以人为本”是学校开展家庭教育指导工作的首要原则。“以人为本”就是要尊重人的价值和差异，既要遵循自然发展客观规律，又要满足人的发展需要，把人的自由、全面发展作为社会发展的终极目标。

小学阶段是整个儿童期中十分重要的阶段。它的年龄跨度一般为6—12岁，在此期间，小学生的生理、心理都将经历重大的变化。小学阶段是思维发展的关键期、情感发展的丰富期和行为习惯的养成期。成人应正确了解孩子身心发展的特点及规律，尊重孩子的兴趣和潜能，顺应孩子的天性，让他们在丰富的、适宜的环境中全面发展、健康成长。

二、充分尊重家长的主体地位

家庭是人生的第一所学校，家长是孩子的第一任老师。家庭教育是教育的起点，是人才培养的奠基工程。学校开展家庭教育指导工作，要坚持以家长为主体。

学校家庭教育指导是以提高家长的家庭教育水平为目标的，学校应准确把握家长需求，充分尊重家长愿望，主动引导家长树立科学育儿观念，调动家长的积极性，促进家长发挥家庭教育主体责任。家庭属于私人领域，家庭教育具有私人属性；学校作为公共领域，在开展家庭教育指导的工作中，需要把握分寸。学校教育与家庭教育有边界，家庭教育指导不等于家庭教育，教师不能取代家长进行家庭教育。家庭教育指导的对象是家长，家庭教育的对象是孩子，两者不能混为一谈。

三、系统规划与分层分类指导相结合

在立德树人这一共同目标的引领下，学校和家庭是共同体，彼此间是合作共生的关系。在实践中有很多典型事例表明，育人效果显著的学校，往往家校共育做得好，学校有责任开展科学、深入、可持续的家庭教育指导工作。当然，因为儿童成长及其家庭的丰富多元性，家庭教育指导应该分层分类。

不同年龄段、不同年级的学生，在成长过程中呈现出的特点不尽相同，即使是相同年级、相同班级、相同年龄的学生之间，也会呈现出“有意义的”差异性。分层分类策略即学校按照育人目标和家庭教育指导工作的目标，根据不同年龄段儿童的身心发展规律以及不同类型家长的现实需求，进行顶层设计、系统规划，形成分类指导、分层递进的指导工作体系，最终形成相互尊重、相互学习、相互促进的家校共育环境与条件。

第二节　基于主要问题的家庭教育指导方法

苏霍姆林斯基说："两个教育者——学校和家庭不仅要一致行动，向儿童提出同样的要求，而且要志同道合，抱着一致的信念，始终从同样的原则出发，在教育的目的、过程和手段方面，都不要发生分歧。"[①]

专题一：家校协同育人

问题聚焦1：如何让家长会成为学生健康成长的加油站？

举行家长会是家校协同教育的有效手段。家长和教师及时沟通分享家校教育的情况，可以有的放矢地对学生形成教育合力。在举行家长会前，教师要考虑家长的实际需求，明确学校召开家长会的最终目的并精心设计流程。在组织形式上，传统家长会和创新型家长会并非没有交集，

① 肖甦主编译：《苏霍姆林斯基教育智慧格言》，人民教育出版社2014年版，第333页。

关键在于是否突出学生和家长的主体地位与现实需求，可以聚焦实效性与可操作性，不拘一格，形式多样。

精选案例：如何召开一场成功的家长会？

家长会的通知发下来了，学校主管领导、班主任和任课教师都在思考：这次家长会的主要目的是什么？我要在家长会上讲些什么，怎么讲？

家长们暗暗琢磨：老师会说什么？我的孩子是否会成为老师的关注对象？我期待了解孩子最近的状况和班级情况。

学生隐隐担忧：要开家长会了，今天的家长会后是“甜言蜜语”还是“狂风暴雨”？

科学分析

首先，家长会是家校协同教育的重要路径之一。及时宣传学校的育人理念，沟通班级及学生的动态，分享一些有代表性的育人理念、策略和方法，是高效家长会常见的内容，家长、教师都格外重视，具有实效性是教师和家长对家长会的共同期待。

其次，从内容上看，不同年级家长会的侧重点有所不同。家长会没有固定模式。在当前的信息化社会，家长、学生获取信息的途径丰富多元，知识面广、信息量大，教师如果固守传统家长会的形式和内容，不研究家长的困惑和需求，不改变沟通方式，会使家长会的实效性大打折扣。

最后，不同形式的家长会，家长的参与程度有显著差别。教师在上面讲，家长在下面听，不时用手机拍照，用笔记笔记，这是大多数家长会的真实写照。教师依然是主角，家长只是被动参与。偶尔有几个家长介绍经验，分享一些育儿理念和方法。家长会要有对班级共性的介绍，但如果全部内容都是“一刀切”“泛泛而谈”，家长的获得感比较有限。

解决办法

第一，坚持家长需求导向原则。家校要体现出共育的理念。教师或者家委会成员可以根据班级情况，在家长会前做一个家长会需求调研。再结合数据分析，精心策划家长会的内容及呈现形式，这样更能引起家长的关注，真正体现家校共育。

第二，教育手段和方法的策略指导，是家长会的重要组成部分。在前期调查的基础上，集中问题，聚焦真问题，提出真策略，向“实效”迈进一步。同样一个问题，解决策略又是因人而异的。没有不希望自己的孩子优秀的家长，但大多苦于缺少策略指导。教师应该倾听来自不同程度学生及家长的心声，这样更能提高家长的参与度。

第三，家长会的效果测评和考量，要落实在学生的成长上。家长会后，家长是否拥有配合的热情和策略，教师是否感受到班级又迎来一个凝心聚力的开始，都需要班主任且行且思。

第四，不拘一格，创新家长会模式，也是高效家长会努力的方向。家长沙龙、自助餐式探究小组、家长学生共同参与的互动活动等，都是家长会可尝试和借鉴的模式。通过丰富多彩的模式，体现出家校共育的理念，探究教育问题的解决策略，家长会的目的也就达到了。

以下，附上小学一年级新生入学家长会设计方案，作为参考。

活动1：教师简短自我介绍，传递接过孩子就接过了责任的使命感，建立家校之间的信任感

活动2：团队建设，共圆快乐梦

1. 以周围6人为一个小组，以最快的速度认识最多的同伴，限时3分钟（报出孩子的名字、主要特点）

2. 挑战超人记忆（看谁记住的名字最多）

3. 以小组为单位，为快乐写名片，限时10分钟（关

键词、想象画、短语均可）

4. 选出代表，共话（画）班级的快乐梦（限时2分钟）

【设计意图】在轻松和谐的氛围中，达成教育共识，营造协同教育的和谐氛围。

活动3：教师对快乐的定位

1. 优秀的组合：学校、教师、学生、家长（介绍班级教师团队）

2. 营造家庭氛围，构建彼此信任、相互配合、快乐成长的教育共同体

3. 快乐的几个关键词：信任、合作、科学、发展

4. 明确表态：接过孩子就是接过了责任

（1）我们和大家一样爱每一个孩子！

（2）请家长放下几个担忧：

老师是否有能力带好我的孩子？

老师会不会关注我的孩子？

老师会不会不喜欢孩子的某些表现？

老师会不会因为家庭背景、个体差异等因素，不公平对待孩子？

（3）家庭教育的作用不可忽视：

①遗传基因、家庭环境、家长素质、家长兴趣爱好和

言谈举止对孩子都有潜移默化的影响。

②案例分享：录音笔进课堂；我妈妈把你们给告了；老师，我们真是倒霉透顶；永远的70分带给孩子的是什么。

③快乐人生三句话，理念传递：

太好了，改变了心情就改变了世界！

我能行，改变了态度就改变了命运！

你真棒，改变了角度就改变了关系！

【设计意图】引领家长树立正确的家校配合观、育儿观，引导班级形成和谐向上的班风，引导学生建立对教师、对班级发展的信任度。传递教师带班理念，形成自发的家校合力。

活动4：快乐支招儿

小A，入学开始，就性情急躁，写字没有耐心，胡乱应付，完成任务即可。家长让重新写，孩子不耐烦，表现依旧，怎么办？

小B，做事拖拉，磨磨蹭蹭，每天写作业要很长时间，怎么说也改不了！

小C，每天痴迷于看书、玩游戏，对别的什么也不感兴趣，怎么办？

小D，总是抱怨，该怎么办？

【设计意图】将新生入学常见问题呈现给家长，从学生发展的角度引领家长科学育儿，对新生家长进行策略指导。

活动6：开学准备清单（略）

结束语：

今天我为你送伞，明天谁为你挡雨？

我们今天所做的事情，都是在为我们将来的家长生活、孩子的未来发展买单。

期待家长会成为学生成长的加油站！

问题聚焦2：如何指导家长正确面对学生家庭作业？

“家长作业”争议是近年来备受关注的家校矛盾形式，如果处理不好，会对和谐的家校关系带来不良影响。为有效解决争议、防止危机升级，建议学校及教师做到：（1）树立“以学生为本”的家庭作业观，引导家长正确认识作业价值；（2）制订学校政策或签订公约，明确家庭作业活动中的家校责任边界；（3）主动与家长沟通家庭作业问题，帮助家长有效参与家庭作业活动。

精选案例：学生“家庭作业”，不是“家长作业”

某小学生家长向某报纸媒体反映，现在孩子的家庭作业五花八门，不少教师要求孩子完成作业后家长既要帮助孩子进行检查，还要在作业上签字，更要协助孩子完成手工作品，孩子的“家庭作业”如今成了“家长作业”。同时认为“教师改作业，能发现学生的易错点，发现孩子学习的薄弱之处。如果家长都帮助孩子修改了，教师对易错点的掌握就不会那么清楚，这样不利于孩子对知识的掌握”。面对市民的质疑，记者采访了市区部分教师。一位小学教师表示，教师的初衷其实是想让家长们参与到学校教育中来，随时跟进孩子的学习状况，了解孩子的学习情况，在家庭生活中对孩子的学习起到督促作用。对一些家长反映的教师不能及时掌握学生易错点的问题，一名教师这样回应：教师都会反复叮嘱家长，对于孩子和家长不确定的题目可以标上记号。而且教师并没有要求家长将孩子的错题订正过来。孩子们的易错点，教师在学校都会反复讲解和抽查。同时，对家长辅导孩子写作业的情况，教师并没有强行规定过。部分教师明确表示，对于“家庭作业”成了“家长作业”，是因为一些教师在布置作业时，考虑得不周到，导致了家长在理解上出现偏差。

科学分析

这是一起由“家庭作业”变成“家长作业”所引发的家校争议。这场家校争议的产生主要源于两个方面。

一方面，家长未能正确认识参与孩子家庭作业活动的重要意义。家庭作业是教师布置的学生在课外时间独立自主的学习活动。家长参与孩子的家庭作业活动不仅是促进家校合作与沟通的重要方式，同时也是增强亲子互动、促进形成良好家庭氛围与和谐亲子关系的重要途径。实证研究表明，让家长更多地参与学生的作业而培养出来的学生要比没有家长参与学生的作业而培养出来的学生更优秀，即家长的有效参与会对学生的学业成就和品格形成产生积极影响。因此，该做法是值得肯定的，家长应当积极参与学生的学校教育生活，我们不应认为这是教师对教育职责的推卸。

另一方面，教师和家长对学生的作业及学习情况缺乏必要的沟通。虽然从表面上看，家庭作业对家长的要求过多过高是家长抱怨教师的直接原因，但进一步分析可以发现，教师和家长各自在自己的位置上做着自以为正确的事情，未能以学生的发展为出发点，共同协商通过家庭作业促进学生进步的方式，导致双方互不认可，才是争议产生的深层次原因。

解决办法

1. 树立正确的家庭作业观

一方面，教师应树立正确的家庭作业观，认识到家庭作业是学生巩固学习、教师调整教学的重要途径，把“以学生为本”作为设计家庭作业的出发点和落脚点，充分考虑学生的能力、兴趣和需求，合理安排作业数量和设计作业难度，创新作业形式。

另一方面，教师应引导家长形成正确的家庭作业观，使家长意识到：家庭作业是反映孩子学习情况的重要途径，也是培养孩子养成良好的学习习惯和人格品性的重要手段。家长应当参与孩子的家庭作业活动，其角色主要是“陪伴者”“支持者”“督促者”，而不是“主导者”。家长不应对家庭作业包办代替，而应鼓励孩子独立完成作业，培养孩子的学习自觉性和主动性；同时加强与孩子的沟通交流，了解他们在完成作业过程中遇到的问题，并通过启发引导的方式给予他们方法指导和适当帮助。

2. 厘清家庭作业活动中的家校责任边界

学校可通过制订家庭作业政策或者与教师、家长签订公约的形式，向家长和教师明确家庭作业活动中的家校责任边界。应强调树人、传道、授业、解惑的职责在学校，明确检查批改作业、了解掌握学生真实学习状况是教师的基本职责，教师不得布置超越学生能力的作业，不得布置惩罚性作业，不得要求家长批改教师布置的作业或纠正孩子作业的错误。

要明确家长在家庭作业活动中的责任与义务，可从两个方面进行规定：一是为孩子提供家庭作业支持，即应提供安静、敞亮、不受干扰的学习场所，帮助孩子养成日常家庭学习习惯；二是与学校保持联系，即应把有关家庭作业的反馈信息，如家庭作业的多少和难易程度、孩子的完成情况以及自己对家庭作业方面的意见或建议及时反馈给学校，以帮助教师改进和完善家庭作业。

3. 围绕家庭作业形成良好的家校沟通与合作机制

每学期开学之初，教师与家长应就孩子的学习情况进行交流讨论，以学生的全面发展为出发点，对孩子的学习目标、学习方式、学习进度等形成共识，并据此对家庭作业的数量、难度、形式等达成初步一致。同时，教师作为专业的教育工作者，不应简单地把学生未完成家庭作业归因于家长，动辄请家长到学校和批评家长，而应积极承担家庭教育指导的责任，促进家长有效地参与家庭作业活动。

一是应主动了解家长作业指导的过程。可以通过家访、座谈、写信等方式或利用微信公众号、作业 QQ 群等交流平台，定期开展学生家庭作业交流活动，了解学生在完成作业过程中的问题，收集家长对家庭作业的看法和建议，以便改进教学工作。

二是应帮助家长参与家庭作业活动。可通过各种方式向家长传授参与家庭作业辅导的方法和技巧，如：指导家长如何针对不同的作业类型辅导孩子的功课；对需要家长与孩子共同完成的作业，应将作业的任务与目标、作业的完成步骤、作业任务角色的分配等清楚地告知家长，以便家长参与实施。

专题二：学生学习发展指导

问题聚焦 1：如何培养孩子的注意力？

在平时的日常生活中，家长要重视孩子注意力的培养。当教师发现班级中存在有注意力问题的孩子，要及时与家长沟通；家校合作，适时就医，采取适合的注意力训练方法，持续关注，加强反馈，尽快培养孩子良好的专注力。

精选案例：一年级学生的注意力不集中问题突出

现今，家长对于孩子的教育非常重视，在孩子进入幼儿园大班后就开始了各种准备。有的家长认为幼小衔接很重要，主动把孩子送到衔接班，学习汉语拼音、写字、运算。其实这是狭隘地认识幼小衔接，把提前准备变成提前入学。孩子入学前的能力准备，并不等同于知识储备。孩子的倾听能力、专注能力、规则秩序感、合作意识等的准备，比知识储备更为重要。

在某小学，一年级新生入学已经一个月了，孩子们越来越适应学校的生活，经过老师的教育和训练，正在逐步形成各方面的好习惯。比如：课堂上"眼睛看着老师，认真听讲"的学习要求大部分孩子都能做到。即使有的孩子偶尔走神或者做小动作，一经老师提醒，就能马上改正，并持续专心听讲十几分钟。但是，每个班级中也有几个孩子不注意听讲问题非常突出。老师讲课的时候，他们只顾自己玩，铅笔盒、橡皮、铅笔都会成为他们的玩具，或者自己发呆，完全不听老师讲课的内容。

有一个叫张祺的孩子就是这样，注意力十分不集中。老师为了能及时地提醒张祺，把他的座位调到第一排，可是情况仍然没有改观。每次老师提醒他，甚至没收他玩的东西，起立站两分钟，这些措施对他丝毫不起作用。这样的听课效率特别低，严重影响学习。渐渐地，张祺学前储备的知识就耗尽了，新知识出现很多漏洞，学习效果十分不理想。

老师找到张祺的妈妈，指出了张祺的听讲问题。家长说，张祺从小跟老人一起生活，快上学了才接到自己身边。当时，她每天抓紧时间帮张祺补习知识，觉得这样就能适应小学的学习生活了，没想到孩子的注意力问题这么严重。班主任建议家长到专门的医院对孩子进行测试，结果反馈出来的是“注意力重度不集中”。为了改变现状，家长积极配合，开始每周的注意力训练。同时，班主任在一段时间里持续关注张祺的上课表现，有时单独发出指令，纠正孩子的问题。在家校的有效沟通下，孩子的注意力问题渐渐好转。

科学分析

在很多家长眼中，幼小衔接指的是知识的承接和过渡，张祺的妈妈就是一个典型的代表。这种理解不无道理，幼儿园大班的教学会为孩子上小学做一些知识方面的准备。但是，知识的准备并不是幼小衔接的重点或者全部。

注意是心理活动对一定对象的指向和集中，是人类有意识地自觉主动地获取信息、学习知识和技能的根本手段。注意力是孩子学习中应具备的基础能力，良好的注意力是学习效果良好的保证。

因此，注意力是影响孩子进行知识学习和做好一切事情的重要因素之一，也是最需要在孩童时期进行培养的。许多家长认为注意力是与生俱来的，只重视对孩子的大脑开发，给孩子准备了很多关于大脑开发的早教课程，却忽视了对注意力的培养，甚至在无意识的状态下破坏孩子的注意力。比如，在孩子专心游戏或者阅读时，不断与其交谈、提醒饮水等，打断孩子正在做的事。在孩子出现注意力不集中的状态时，不是采用科学的、适切的方法引导和改善，却一味训斥、责备，延误改善孩子注意力的最佳时机。

受年龄特点的影响，儿童注意力容易分散，自制力比较弱。要想解决这些问题，首先需要家长足够重视，学习科学方法，并在日常生活中持续引导。

老师发现张祺注意力方面的问题后，及时与家长联系，如实反映孩子的表现，让家长意识到注意力对孩子的学习影响非常大，需要给予足够重视。

另外，老师还向张祺的家长介绍了一些有效的训练注意力的做法，避免了家长产生焦虑的心理，面对孩子的问题不知所措。之后，班主任还持续关注孩子的表现，与家长多次沟通，成为家长的坚实后盾。

解决办法

对于幼升小阶段的儿童，在学前要培养的习惯有很多，而注意力持久性的培养在其中尤为关键。

首先，面对注意力不集中的孩子，老师在课堂上要采取一些举措。比如：课堂上要求学生不仅听老师讲课，而且听同学的发言，为了训练学生能听同伴的发言，可以用“开火车”的形式检查学生的朗读，这样后面的学生就能集中注意力，将火车顺利开下去；另外还可以让某个学生站起来复述刚才同学回答的问题，通过多种形式训练孩子的注意力。

其次，如果孩子的问题比较严重，一定要与家长取得联系，让家长全面了解孩子的状况，引起足够重视，形成家校合力。应该遵循儿童身心发展规律，转变观念，树立正确的儿童观、教育观，以尊重儿童、赏识儿童的态度，运用科学的方法展开干预和引导，不能只是简单粗暴地责备。

再次，对注意力不集中的矫正不能只依赖学校，家庭教育更为重要，生活中的点点滴滴都是培养孩子注意力的重要途径。在与家长的交流中，老师一定要给出具体的指导。

（1）孩子在做一件事的时候，不要随意打断，并且旁边不要有容易分散注意力的物品，提供有利于专注力发展的环境。

（2）一次只做一件事，不要同时交代孩子做好几件事，一心不可二用。

（3）注意培养孩子倾听的习惯，加强听觉训练。比如：说话时就要求他看着你的眼睛，耐心听大人把话说完，不插嘴，等大人说完了再说。

（4）每天利用10分钟时间给孩子读故事，要让孩子做到专注地从头听到尾，不随便插话，不走神。然后，交流一些简单的问题。

（5）培养运动的好习惯，身体大肌肉和小肌肉得到适度的发展有助于专注力的培养。

问题聚焦2：如何帮助学困生成长？

帮助转化学困生不是一蹴而就的事情，无论是教师还是家长，都要用平和、宽容的心态来对待这些孩子。要抓住教育时机，把错误变为学习和转变的契机；以鼓励代替批评，家长与孩子共同分析解决问题；要形成家校合力，共同为孩子制订学习发展规划。

精选案例：遇见学困生

严岩刚升入四年级，语文和数学两科成绩就双双亮起了红灯，成了老师眼里的学困生。

一次语文课上，刘老师请严岩上台背诵古诗《春晓》，严岩错把“处处闻啼鸟”背成了“处处闻鸟啼”，引得全班哄堂大笑。让人没想到的是，刘老师居然说：“严岩没有背错啊！”同学们一脸疑惑，瞬间恢复了安静。“‘处处闻鸟啼’，就是到处都能听到鸟叫声。作者写成‘处处闻啼鸟’，只是为了押韵的缘故，对吗？所以严岩其实是理解了诗人的本意的！”刘老师带领全班同学为严岩鼓起了掌。

从那以后，在刘老师的精心呵护下，严岩身上开始发生了变化，他开始变得自信，愿意并且能够勇敢地表达自己的想法。

与此同时，刘老师还意识到，解决学困生的问题，仅靠学校的工作是不够的。为此，她多次在放学后送严岩回家，向严岩的父母及时反馈孩子在校的情况，并分享自己的家庭教育经验。老师的关心让严岩的父母感动不已，他们开始积极配合老师的工作，不久，严岩的学习成绩赶上来了。

科学分析

如何帮助学困生，是不少父母和教师面对的教育难题。学困生往往因学习成绩跟不上而丧失自信；在家长看来，他们缺乏上进心，言行还有些叛逆。案例中触动严岩发生转变的关键点，来自一次偶然的教育契机。刘老师“变错为宝”，对严岩在课堂上出现的一处知识性错误做出了极具教育性的解读，既尊重了知识，又呵护了严岩的自尊心，还对其他学生进行了隐性的关怀教育，让学生懂得如何去相互包容和理解。这种正向的心理反馈对孩子的成长具有巨大的作用。

最后，刘老师还通过与严岩的家长沟通，帮助他们认识到家庭教育的重要性，收到了家校合作育人的效果。在教师与家长的合力之下，严岩取得了很大的进步。

解决办法

从把学生的学习困难看在眼里，到把学生的成长需要放在心里，再到把对学生的尊重和支持落实到行动中，并寻求更广泛的教育合力，我们发现：学困生的转变不是一蹴而就的，需要教师和家长长期的共同努力。

首先，要抓住教育时机，把错误变为学习和转变的契机。在我国最早的教学理论著作《学记》里有“当其可之谓时”的观点，就是强调教育要抓住时机。所谓教育的时机，就是针对学生的个性特点，选择和运用适合的教育方法和手段，在最恰当的时间里进行教育。教师如果能够抓住教育的时机，就能事半功倍地对学生产生深层次的触动，激活学生的自尊心、荣誉感，促使他们自觉发生转变。

其次，以鼓励代替批评，帮助孩子建立自信心。其实，不仅是学困生，每一个孩子都有被认可的需要。当孩子犯错误时，教师和家长即刻的指责往往会成为他们发生深层次转变的阻碍。有教育智慧的教师和家长，能够将孩子的错误转化为成长的契机。他们不会立刻批评或指责犯错误的学生，而是首先尝试理解孩子出现问题的原因，站在孩子的角度思考问题，用孩子的语言方式来与他们沟通，与孩子一起分析问题、解决问题。同时，有教育智慧的教师和家长会适时地鼓励孩子自觉、自主发展，持续不断地给予孩子正向暗示和鼓励，于是，就能够产生意想不到的积极效果，这就是心理学中的“皮格马利翁效应”。

皮格马利翁效应也称期待效应，是由美国著名心理学家罗森塔尔和雅各布森在小学教学中予以验证而提出的。它是指人们基于对某种情境的知觉而形成的期望或预言，会使该情境产生适应这一期望或预言的效应。成功的人都会培养出充满自信的态度，相信好的事情一定会发生。

教师对学困生的教育更需要家长的配合。教师有责任告诉家长，学困生的问题不能轻视，但是也不能歧视他们。家长和教师都应该以一种关怀的心态来走进学困生的世界。教师应从专业角度分析问题，认识到学生学习困难的问题是多方面因素造成的，包括教师的素养、家庭的环境、学生个人的学习动机、学科知识的难易程度等。家长应该学会分析孩子出现学习困难问题的背后原因及作用机制。

专题三：学生健康成长指导

问题聚焦：如何关注学生的心理健康？

2012年，教育部印发的《中小学心理健康教育指导纲要（2012年修订）》指出心理健康教育的总目标是："提高全体学生的心理素质，培养他们积极乐观、健康向上的心理品质，充分开发他们的心理潜能，促进学生身心和谐可持续发展，为他们健康成长和幸福生活奠定基础。”小学时期是培养学生良好精神品格的最佳时期，也是形成自信心的关键期。教师与家长要以赏识教育为理念，让学生信心满满。教师要真心赏识每一个学生，激发学生的学习兴趣和求知欲望，形成宽松、和谐的环境氛围，让学生产生在校学习的幸福感、认同感。

精选案例：“阳光播报台”

在四（6）班的家长微信群里，有一个“阳光播报台”，它记录着班级里每个学生每天的生活学习状态。对于好的方面，及时提出表扬和肯定；对于不足的地方，及时纠正并改进，积极寻求教师和家长的帮助和引导。播报小使者是一位活泼开朗的女生，她在妈妈的策划和指导下，在班主任王老师的支持鼓励下，三年来一直坚持每天晚上将自己发现的好人好事及时播报出去。比如：“放学后，王军同学主动留下来为班级打扫卫生，任劳任怨，默默付出；数学课上有许多老师来听课，范丽、程冬、马震等同学积极回答问题，受到老师们的表扬，我要向他们学习。”“这几天班级作业完成情况良好，因为有个别同学没按老师要求完成作业，请自查；马上就要评选班级优秀作业了，下周还要考试，希望引起同学们足够的重视。”“阳光播报”很简单，也许只是一句“加油！”“你是最棒的！”“你做得不错！”，但它产生的作用却不容小视。在播报小使者的带动下，班里好多同学只要发现美的瞬间，都会在当晚的群里播报出去，传递赞美，营造同学们和谐向上的班级氛围。一段段简洁的文字，有的来源于孩子的播报，有的则是老师的分享，让家长每天能了解学校里发生的事情。

科学分析

首先，心理健康教育有助于培养学生的自信心。自信是一种良好的心理品质，自信的孩子热情乐观，不怕挫折，能凭坚定的信念和顽强的毅力去实现目标。但目前对小学生自信品质方面的培养仍有很多不足，比如存在自卑或者盲目自大的心理。这些心理的形成主要是因为学生、家长或教师常常在教育过程中随意比较，或用某学生的缺点与另一位学生的优点相比较，欠缺客观评价的意识和能力。时间一长，学生或者觉得自己不如别人，尤其是学习成绩不理想的学生，认为自己天生笨，努力也是徒劳；或者是盲目自大，过分乐观，优越感过强。这两种状况都是不可取的。教师与家长应转换评价角度，仔细观察，及时发现孩子身上的优点及闪光之处，给予孩子肯定和赏识。

本案例中播报小使者的妈妈策划的活动非常巧妙，让女儿和她的同伴们有了发现“美”的眼睛，时时处处学习别人的优点；每个被小使者点名表扬的同学会因为得到小伙伴的肯定而自豪，也会更加努力发挥自己的长处和优势、信心倍增。

其次，心理健康教育有助于培养学生正确世界观、人生观、价值观。良好的个性心理品质是培养正确世界观、人生观、价值观的重要基础。学校对学习成绩较差的学生关注较多，但却经常忽视学习成绩优秀学生的个性心理品质。在学习过程中，学生应树立正确的价值观念，坦然接受自己的学习成绩，无论好坏，不骄不馁。“阳光播报台”在帮助学生了解自我、认识自我、增强自信和勇气上发挥了积极作用，不仅帮助学生养成良好的个性心理品质，而且促进了团结向上班风的形成。

再次，心理健康教育有助于培养学生优良的心理素质，促进其个性和谐发展。小学生处在长知识、长身体的阶段，他们的心理品质还不成熟，一些学生由于自身、家庭的种种原因，学习压力的加重等原因，容易出现一些心理问题或适应性问题。从一个学生主导到全体学生播报的“阳光播报台”，有助于培养学生优良的心理素质，健全学生人格，这也是每个小学教师和家长义不容辞的责任。

解决办法

首先，让“阳光播报台”成为家校沟通的法宝。教师应该努力寻求适合自己的家校沟通模式。家校沟通是一门艺术，是需要讲究方式方法的，尤其是班主任老师更应该明白，家校沟通不是孩子犯错误时向家长告状、反映问题，更不是家长简单问问孩子的学习、身体等方面的情况，孩子的心理健康、同伴交往也应成为家校沟通的重点。“阳光播报台”让家长看到孩子进步的同时，有助于改进他们的育儿理念和方法。

其次，让“阳光播报台”成为转化个别生的有力武器。在小学教育中，最令教师劳神的问题莫过于特殊学生的转化工作，班主任老师可以借助此平台，用放大镜看个别生的优点和长处，鼓励其自我转化。

最后，让“阳光播报台”成为学生成长的加油站。它可以用正能量不断地感染着孩子们，使其健康乐观、积极奋进，成为心中充满阳光的人。

专题四：特殊儿童家庭指导

问题聚焦1：如何帮助孤独症谱系障碍（ASD）儿童融入集体?

孤独症谱系障碍是一种神经系统广泛发育性障碍，核心症状是“沟通、社会交往障碍及刻板行为”，即“三联症”。“谱系”这一概念的确定放宽了“孤独症”的边界，只要出现“三联症”，即算作谱系内，没有“是与不是”，只有“程度多深”。联合国《残疾人权利公约》积极倡导对ASD儿童的融合教育，倡导ASD儿童在与自己年龄相近的普通孩子中生活学习，实践证明了这种融合教育的先进性和有效性。因此在普通班级随班就读成为目前广泛采用的融合教育形式。

在融合教育过程中，教师和家长需要付出更多的爱与关注。教师要注意理解和安抚家长的情绪，一方面避免家长不能正确看待而耽误孩子的训练和治疗，另一方面也要为家长的积极配合打下基础。在条件允许的学校，教师应说服家长办理随班就读，享受国家义务教育给这类孩子的帮扶。如果家长过于抗拒，教师不要过于坚持，一切从孩子的角度出发，暂时先教会家长方法是最重要的。对于这一类孩子，在认知性知识方面应降低标准，在技能方面，要细致划分步骤并辅助以强化物进行训练，同时还要注意反复训练以促进掌握。不仅在校，在家也要同样操作。最后，教师和家长应一起为这样的孩子寻找朋友，并营造良好的班级氛围，帮助孩子更好地融入班集体，成为集体的一分子。

精选案例：班级里那个“特殊”的孩子

小学新生入学初，班主任王老师很快发现了小壮的问题，他很难理解老师的指令，不会整理自己的物品，而且存在一些不安全的行为，但家长并没有重视这个情况。又经过一段时间的观察，王老师还发现小壮同学存在较为明显的刻板行为，如做某些事要按照固定的流程、物品的摆放顺序不能轻易改变等，于是委婉地建议家长带孩子去检查。经儿童医院等专业机构诊断，检查结论为：注意力分散较为严重，语言表达能力较差，情绪严重低落，与人沟通理解能力较差（伴随有肢体暴力行为），大肢体运动和精细运动能力差，智商较同龄人略低。根据老师的观察和儿童医院的诊断，可以确定小壮的行为属于孤独症谱系障碍范围之内，但程度较轻。

得到这个结论后，家长不能够接受，一开始十分抗拒，不仅拒绝把医院的证明正式交给学校备案，甚至完全不认可医院的诊断，固执地认为孩子只是“淘气”和“心理成长慢一点”，认为随着孩子成长，这些问题都会很快解决。但是因为孩子随时随地出现行为问题甚至安全问题，老师不得不经常和家长沟通，家长变得很急躁，还把情绪转移到孩子身上，不给孩子吃饭甚至打骂他，小壮的状态每况愈下。

科学分析

根据目前的统计，城市中小学每年出现的ASD儿童人数呈上升趋势。症状严重的孩子应该进入特殊教育机构，得到专业的治疗和干预，但是大部分ASD儿童能够适应普通义务教育学校的进度和内容，一般会进入公立学校学习，融合教育对症状较轻的孩子的社会化是有积极促进作用的。

以北京市海淀区为例，严重的ASD儿童可以进入海淀区特教中心学校，能够完成义务教育的ASD儿童，可以在公立学校办理“随班就读”，在家长或特教老师陪护下上课，还可以在学校选择性地参加学习，其他时间到特教中心接受专门的训练。但是说服家长办理“随班就读”是一件比较困难的事，大部分家长不能理性看待孩子的问题，不愿意承认甚至不愿意面对孩子在行为或智力上的问题，这也给学校对孩子的支持工作带来困难。在这方面，教师需要跟家长推心置腹地交谈，从为了孩子的健康成长入手，协助家长给孩子提供最好的康复和促进教育。

除了可以参加由特教中心或其他康复机构参与的课程之外，教师还应该说服家长配合学校，为ASD儿童量身订制学习、生活等技能的训练计划，在学业水平上降低要求，在生活能力，比如整理物品、班级劳动、待人接物、与人沟通等方面进行专门训练，促进孩子的社会化进程，提升他们的幸福感。

解决办法

确诊孩子是ASD儿童后，家长不能接受这个结果是正常的现象，如果家长抗拒办理随班就读，教师应该表示出充分的体谅和理解。教师要从孩子的利益出发，一定要稳定家长情绪，让家长知道教师所做的一切是为了孩子，避免激化矛盾，影响孩子的发展，在此基础上再引导家长配合学校和教师。

具体到方法层面，教师应教会并带领家长一起改善孩子基本的、可观察和测量的行为，再共同采用科学的、有针对性的行为训练方法干预和改善这些行为。轻度ASD儿童的大部分不良行为都以“逃避”为目的，主要原因就是能力欠缺。

教师不能把他们和普通孩子“一视同仁”，要适当地降低各种“认知类知识”的学习要求，比如要求其他学生听写生字，可以要求这样的孩子抄写生字；让其他学生一分钟跳绳90次，让这样的孩子一分钟跳绳30次。同时，还要简化复杂的活动环节，对于一项完整的技能，要划分成小的步骤让他们完成，每完成一步任务都应给予孩子小奖品和真诚的赞美，反复进行基本步骤的训练，在技能稳定的基础上再合并步骤，并逐渐减少小奖品等强化物的奖励。

在训练的同时，教师还要与家长密切配合，帮助家长积极学习，做到在家里也能运用科学方法引导孩子改善行为，尤其要杜绝家庭暴力。此外，教师还要帮助家长给孩子寻找几个态度友好、性格温柔的好朋友，多创造机会带领孩子处于友好的同伴交往环境中。

以小壮为例，经过一个学年，他的行为有了极大的改善，虽然学习成绩仍比较差，但是不再做各种危险的事，也具备了一些生活技能，不仅有了朋友，还能和同伴们一起合作劳动。家长为此感到欣慰，于是主动进一步配合，带孩子到儿童医院做相关的训练，希望孩子能有更大的改善。良好的家校合作带来的是效果显著的能力提升，这才是真正有意义的融合。

问题聚焦2：如何对重组家庭进行家庭教育指导？

在家庭结构不完善的情况下如果采用简单粗暴的教育方式，将使孩子难以形成健全的人格，会影响孩子的情感、意志和品德的发展。教师要积极关爱、保护孩子，与家长密切沟通，共同为孩子建立强大的支持系统；要有意识地引导和帮助特殊家庭的孩子拥有更豁达的心胸、更包容的人生态度，增强孩子面对困难的心理韧性。

精选案例：家庭结构不完整的教育缺失

王鹏从小失去父亲，上小学前，母亲带着王鹏组建了新的家庭，从此，王鹏多了一个父亲和一个姐姐。王鹏有很多优点：善良、阳光、乐于助人、会安慰人……但王鹏的学习成绩很不理想，生活习惯也很令人操心。而且，家里一出现问题，王鹏就会遭到继父和妈妈的打骂和责备。结果，从三年级开始，王鹏慢慢变了，作业不会就放弃，撒谎，搞破坏，在班里稍有不快就打骂同学，遭到很多同学和家长的投诉。为此，王鹏的家长经常被请到学校和教师谈话。

这天，又到了和王鹏家长沟通的时候。王鹏在办公室一见到妈妈，立刻捂住耳朵大声朝着妈妈喊："你不要打我呀！你不要打我呀！"妈妈平静地说："我没想打你，我不是答应过不打你了吗？"王鹏反驳道："你每次都答应，但每次都打我！你从来不帮我，你还让我去死……"说完，王鹏撒腿跑掉了。

面对王鹏的情绪，妈妈愤怒又无奈。跟李老师把一肚子的苦水全吐了出来：继女优秀，而自己亲生儿子太不争气，各种各样的问题层出不穷，两人再婚后的夫妻关系也很不和睦，经常当着孩子的面大吵大闹……李老师没有过多言语，只静静等着她冷静下来。李老师首先肯定了王鹏的很多优点，同时也指出了家长的问题：面对孩子的问题没有正确引导，而是用打骂发泄自己的情绪，导致王鹏接收到"只有打骂才能解决问题"的错误信息，进而把这种方法应用到同学身上。在李老师真诚的开导下，王鹏的妈妈逐步认识到了自身家庭教育的缺失和危害，表示会耐心引导教育王鹏。接着，李老师和家长约定，每周沟通一次王鹏的情况，每周找到一条王鹏转变的优点，每月制订出一条整改项目。

半年过去了，王鹏不再打骂同学，很多同学都乐于和他做朋友，他还主动用自己的压岁钱悄悄给班里买了几盆花，学习成绩也由不及格达到了良好。

科学分析

首先，家庭结构的不完整会给孩子带来消极影响。当今社会，随着社会的日益开放，未婚生子、离异丧偶、带子再婚……家庭结构也呈多元化。未婚生子、离异丧偶的家庭结构中，孩子所依恋的家庭解体，安全感消失，或多或少会产生被抛弃的感觉，而家长如果长期沉浸在负面情绪中，对孩子的影响也是负面的，孩子不能从父母身上得到足够的爱与关怀，逐渐变得性格孤僻，缺乏自信心，养成很多不良习惯。重组家庭中，孩子和继父或继母的关系会对原有的关系形成挑战，使得原来的问题更加复杂。

其次，家长没有客观面对孩子的真实状态，更没有理性地解决问题。王鹏身上有一些成长中的问题，又遇到了成绩优秀的姐姐，比较下来，他变得更加焦虑不安，加剧了自卑感。面对自身的问题，八九岁的孩子无所适从。而王鹏的家长，也没能认识到两个孩子的个体差异，以简单粗暴的方式对待需要帮助的王鹏。在王鹏出现问题时，没能理性分析和正确引导，而是严厉训斥、暴力体罚。长期在这种简单粗暴的教育方式下长大的孩子往往思维水平、认知水平低于同龄儿童。更重要的是，父母的打骂不但没有解决问题，反而激发起孩子的反抗心理，孩子往往和家长较劲，诱发更多暴力行为。

最后，家庭环境影响孩子的健全发展。孩子在理解、接受某种观念和行为时，需要一定的参照对象，这些参照对象大多来自他们在家庭氛围中体验到的、感受到的经历。一个幸福的家庭，父母之间能够互相欣赏对方的优点，容忍对方的不足，互相赞美，孩子通常就会彬彬有礼、对人和善。一个经常“爆发战争”的家庭，孩子大多性格自卑，面对问题往往采用极端的方式。正如同颜之推在《颜氏家训》中所说：“人在年少，神情未定，所与款狎，熏渍陶染，言笑举动，无心于学，潜移暗化，自然似之。”

解决办法

作为教师，认识到此类孩子和家庭的特点后，需要和家长携手合作，共同育人。

首先，教师要和学生站在一起，为他们建立坚固的支持系统。在平时的相处中，要告诉他们：无论家庭怎样，父母怎样，他们永远都是我们的父母，要坚信父母是爱我们的，现在爱，以后也仍然爱。当孩子自暴自弃、伤害自己、放弃自己的时候，教师要坚持与学生保持良好的沟通，理解、关心、帮助和支持孩子。孩子如果能从教师这里获得温暖，通常可以重拾信心。

其次，教师要有强大的心理力量，包容和接受学生的各种行为。社会和学校对离异家庭孩子的偏见是由来已久的，外界的偏见使这些孩子更加自卑、极端。教师要在力所能及的范围内改善周围的环境，让这类孩子能够得到伙伴的理解和支持，体验到同伴的温暖与关爱，从而改变自己的行为。

再次，教师要掌握与家长沟通的技巧。教师要始终保持中立的态度，对学生父母之间的矛盾不做评价，尊重他们的感受，只要求他们尽到责任，保护好孩子。强调孩子永远是父母的最大财富，珍惜孩子的现在和未来。父母要尽量让孩子理解自己的行为，有必要的话要对孩子进行解释，父母有错要向孩子道歉。要让家长意识到：大人之间的矛盾和问题，不要让孩子参与和卷入。并始终向孩子传达一种想法：矛盾只是父母之间的问题，与孩子没有关系，他们永远是爱自己的。

最后，要有意识地利用挫折提升孩子的心理韧性。心理韧性不仅是一种心理状态，更是一种能力，表现为个体身处恶劣环境时有能力应对不利局面，并积极寻求改善。心理韧性的核心因素在于复原，即重新回到压力事件之前所具有的适应的、胜任的行为模式的能力。提升心理韧性的意义在于，当我们遭遇逆境和危机时，有能力通过个人与环境的积极互动，找到克服困难、战胜危机的资源与办法，使我们依然积极生存、健康发展。环境中的危机与挑战是激发心理韧性的先决条件。人的心理韧性并非一种绝对的能力，适用于何种压力情境，是增加、减少还是改变，取决于个人与环境的互动，并可以通过学习获得且不断增强。借助家庭的特殊情况，可以家校携手，培养孩子正视困难，学会在压力下迅速复原和成功应对。

此外，面对特殊家庭的家长，教师应从以下几方面进行引导。

首先，要引导家长明确家庭环境的重要性。家庭环境对孩子的心智和才能的发挥起着极其重要的作用，在一个充满爱和温暖的家庭中成长的孩子，就会给周围人带来爱和温暖的感觉。要建立良好的平等关系，多花一些时间陪伴孩子，走进孩子的内心，明白孩子的内心所需，给予孩子强大的支持，进行有针对性的引导。

其次，要引导家长努力成为孩子的榜样。遇到问题先找自身原因，自我反思，再与孩子真诚交流。还要针对孩子的具体情况制定切实可行的目标，关注结果，更要关注过程，切忌盲目攀比。对于孩子的错误，家长要控制自己的情绪，理智对待，冷静帮孩子分析错误原因，教育孩子知错就改，并鼓励孩子大胆尝试。

再次，要引导家长教育孩子正确对待新的家庭关系。一旦建立新的家庭关系，必定会有新的家庭成员融入。这类家庭关系处理不当，极易导致夫妻双方与各自的孩子结盟而使得双方互相抵触。如果想关系和谐，家长就要教育孩子学会付出与关爱，学会换位思考，真诚对待每个家庭成员，相互尊重和理解，形成温暖、幸福的家庭氛围。

专题五：统筹开发家庭教育指导资源

问题聚焦：如何提升家长学校的规范性?

家长来自不同行业，学历水平各异，教育能力层次不一。家长学校是家长转变教育理念、提高教育能力最直接有效的途径。不断探索家长学校的新模式，是学校进行家庭教育指导始终要坚持的方向。家长学校课程建设，要注重时效性、实践性、指导性，符合家长的实际需求，解决家长的实际问题。

精选案例：家长学校的魅力

从来都觉得自己是个好脾气的人，结果开学后这短短三个月里，被这个“上帝派来考验我”的娃硬生生逼出了脾气。幸亏学校给我提供了亲子养育课程，真的是及时雨。

——家长：张家怡

结业那天，儿子看到我的证书，问我这是什么，我简单地跟他解释妈妈在家长学校学习。小家伙一下子抱住我，说：“妈妈，谢谢你，我爱你！”我想，儿子一定感受到了妈妈的努力，也感受到了妈妈的改变。

——家长：蒋兰

科学分析

上述案例是温州市籀园小学“HOME+养育力”家长学校两位家长分享的“正面养育”工作坊的心得感悟，是新体系构建成果的缩影。他们的孩子入学还不到三个月，他们几乎和孩子一起入学，走进该小学为新家长准备的家长学校及其“正面养育”工作坊，逐渐改善了与孩子之间的关系，并且实现共同成长，共同进步。“+”读音为“加”，寓意着加油，为每一个家庭提供教育支持，同时也寓意着“增加”，即拓展教育资源，创建学校、家长、社会“三位一体”育人机制，为家长提供优质的、有效的、系统的养育支持，实现家校共育的价值。

习近平总书记指出：“家庭教育是一切教育的基础。”这就要求学校及教师不仅要关注学校怎样培养人，还要指导学生家长有效开展家庭教育。各学校应以大教育环境为依托，结合自身实际，以特色办学理念为主导，利用现代化办学手段，积极整合资源，用“心”探索家长学校“新”体系，帮助家长树立自信，理清思路，使家长们摆脱育儿焦虑，从教育的门外汉变成学习者、探索者、实践者、引领者，提升教育素养，更新教育观念，提高教育能力。

解决办法

学校应主动作为，面向全体学生家长，通过家长学校解决基础教育中存在的问题，利用丰富的学校教育资源有针对性地开展常规化、系列化活动，推广先进的家庭教育理念，普及科学的家庭教育方法。

首先，建立家长学校章程及制度，针对其组织架构、运行方式等做出明确要求，例如固定的时间和地点，保证家长学校常态化运行。

其次，加强教师培训，建设一支专业的家长学校教师队伍。家长学校的授课对象是家长，每个家长的文化层次、社会阅历、对孩子的目标期待、教育方式不尽相同，这对家长学校的教师提出了更高的专业要求。培训是提升教师理论素养及实践能力的有效手段，因此，要加强教师培训，为家长学校提供优秀人才支撑。

再次，加强家长学校课程专业化建设，创新教学形式。开发适合家长需求的专题性、针对性、实用性菜单式课程，以满足不同家长对学习内容的个性化需求。研究制订校级、年级、班级的家长学校课程纲要，安排落实学期授课计划。确定主题时要考虑儿童成长特点，分学段设立不同的家长学校学习主题。例如，对于刚入学的低年级学生来说，提高注意力、自我控制能力等非常重要。要加强家校合作，将孩子的养成教育作为重点。低年级学生家长学校的学习活动可从幼小衔接、读书习惯、行为习惯、学习习惯四个方面展开。小学中年级段是孩子能力发展的关键时期，家长最应关注的是对于孩子能力的培养。所以中年级家长学校的学习活动可从阅读能力、学习能力、动手能力和合作能力四方面展开。小学高年级阶段是学生身体和心理发展的关键期，也是人生观、价值观和世界观形成的初期，这一阶段家长学校的学习主题是生命教育，教育孩子要敬畏生命，心中有爱。在教学形式上要力求丰富多样，可采用集中学习、读书分享会、案例研讨等多种形式，或走进学校，或走入课堂，或线上交流，这有利于调动家长参与学习的积极性。

最后，建立反馈机制，保证学习效果。一方面，关注家长参与学习后的收获与实践转化，可采用撰写学习心得及成果交流会等形式开展；另一方面，依据家长对于课程效果的评价，及时调整优化课程体系，提升课程实效性。

以下，附上籀园小学家长学校新体系，作为参考。

籀园小学家长学校新体系以四种主题为引领（“当你陪伴孩子，我们陪伴着你”“美美与共，和而不同”“倾一片真心，汇万家智慧”“一年级，我们在一起”），指向“四种”维度（面向问题解决、面向专题需求、面向全员普及、面向新家长），构建四个模块（家智慧—正面工作坊、家学堂—专题现场会、家长汇—公众订阅号、新家长—入学课程），每个模块下采用“三”种方式，充分利用线上和线下“两”种途径，最终实现“一”个办学理念

（创适合孩子发展的教育）。

1. 搭建互联网教育平台

公众订阅号——籀园家长汇秉承“爱与自由”的教育理念，坚持原创，邀请来自身边的老师、家长、社会人士、学生讲述自己的养育或成长故事，传递教育理念。如《朗读者》栏目以语音、文字分享自己的养育之道，有来自大学的教授妈妈漫谈文化浸染、书香熏陶之道等。《善行者》分享养育的经验智慧，如有16岁就被中国科学院少年班录取的少年大学生的妈妈分享孩子的成长经历。《大成小汇》栏目则邀请专家教师畅谈教育思想，碰撞智慧火花。如就孩子沉迷手机游戏给出方法策略。每一篇推送内容的阅读和转发量都有数百人次甚至上千人次之多。

2. 开发并实施多层次、多对象的家庭教育课程

（1）新生家长课程

“幼小衔接”是家长最为需要和关注的。为此，学校依托特级教师、名优教师的教育资源，在开学的9月份，推出学习力辅助课程和习惯力MINI课程。学习力辅助课程以微课形式开展，每课10分钟，视听结合，清晰地讲解一年级学生的学习特点与家庭的有效配合策略。如老师谈新生习惯养成、亲子阅读的家庭指导等。习惯力MINI

课程采用图卡形式，根据学校德育处制定的一年级习惯养成目标，为新生家长列出作息攻略、书包整理、作业习惯、记事习惯、锻炼习惯等十份操作指南，一次一图，一图一要点，简单明了，可操作性强。

（2）家庭教育大讲堂课程

该课程的开发流程如下：以家长的需求为核心，结合当前的教育热点、难点，列出家长较关心的话题，然后由校家委会出面联系各方资源，做好规划。每学期举办三至五场大型讲座，内容涉及亲子沟通、行为养成、学习方式优化、青春期教育等。结合讲座组建微信群，进行同步的专题调查，及时了解家长反馈，为后续工作进行反思总结。

（3）班级主题沙龙课程

该课程主要由各班班主任开发。开学初，班主任通过调查，了解家长感兴趣的话题，邀请班里有教育资源或有教育经历的家长举办沙龙。如请律师妈妈分享“快乐暑假，这里出发”，讲述女儿跨国游学的经历；与高级营养师爸爸一起体验“亲子瑜伽，助力健康”的活动；与老师一起阅读《窗边的小豆豆》，共写读书感受等活动。

3. 建立家长工作坊，让家长真正提升自己

在讲堂宣传理念的基础上，聚焦亲子关系建设中的重

点问题建立了“篱园家智慧”养育工作坊。工作坊分三个阶段，内容系统性有序列：一阶“新家长工作坊”面向一年级学生家长，开启爱的导航；二阶“经典工作坊”面向中年级学生家长，锻炼爱的能力；三阶“青春期工作坊”面向高年级学生家长，走上青春之道。每一阶课程共四次活动，每次两个半小时，一周一次。课程基于正面管教、高效能父母、萨提亚家庭治疗的理论研究和操作建议，并结合各年级学生的实际设计，由学校资深班主任和专职心理教师共同带领。课程注重体验互动，通过分享讨论、场景模拟、游戏感知，让家长在体验中自己发现问题、分析问题、解决问题，提高自身的养育水平。

专题六：突发事件应对

问题聚焦 1：如何处理课间打闹伤害导致的家校纠纷？

学生是由幼稚逐渐走向成熟的正在发展中的个体，具有活泼好动的特征，课间难免会出现打闹现象，甚至在极个别情况下还会使孩子受到伤害。一方面，学校和教师应牢固树立以孩子为中心的服务意识，及时处理并跟踪孩子的身体健康状况，同时联系并告知相关责任人，妥善化解双方矛盾；另一方面，学校和教师要时刻加强对相关法律知识的学习并提升对突发事件的预警和应对能力。

精选案例：意外伤害的惨痛教训

小刚和小雷是某小学三年级学生。某日下午课间，两人在玩耍打闹时，小刚踢了小雷下身一脚。放学回家后，小雷告诉父母睾丸痛，后经医院诊断，小雷左侧睾丸受伤，须实施切除手术。经司法鉴定机关鉴定，其伤情构成九级伤残。于是小雷的父母将学校及小刚的监护人告上法庭。办案法官经审理后判决，小刚的监护人和学校都应对小雷承担相应的赔偿责任。

科学分析

这是在小学中最为常见的因学生课间打闹致伤而引发的家校纠纷。虽然学校不是导致小雷受伤的直接加害人，但按照《中华人民共和国民法典》和《中华人民共和国教育法》的规定，学校对在校学生负有教育、管理和保护的职责。而在本案中，学校及教师既未及时发现并制止学生课间打闹，事后也未及时发现并采取救助措施，存在没有尽到教育、管理和保护学生职责的过错，因而需要承担相应的法律责任。事实上，如果学校及教师处理得当，是完全有可能防止这场家校矛盾升级为法律诉讼，将矛盾在学校范围内予以化解的，避免法律诉讼给家校双方带来的时间、精力和金钱上的负累。因此，学校及教师有必要学会如何理性应对此类纠纷，防止纠纷的升级扩大。

解决办法

1. 具备关于学生人身伤害事故责任认定的必要法律知识

学生人身伤害事故，指在学校实施的教育教学活动或者学校组织的校外活动中，以及在学校负有管理责任的校舍、场地及其他教育教学设施、生活设施内发生的，造成在校学生人身损害后果的事故。2021年1月1日开始施行的《中华人民共和国民法典》第一千二百条规定：限制民事行为能力人在学校或者其他教育机构学习、生活期间受到人身损害，学校或者其他教育机构未尽到教育、管理职责的，应当承担侵权责任。

此外，2002年9月1日开始施行的《学生伤害事故处理办法》第九条至第十四条，具体规定了十二种学校应当依法承担相应责任的情形，学生或者未成年学生监护人以及其他有过错的当事人应当承担相应责任的情形，以及如果学校行为并无不当，学校不承担事故责任的情形，可作为理解《中华人民共和国民法典》相关条款的重要参考。

2. 及时救助受害学生，通知相关主体和组织调查处理

事故发生后，学校应当及时采取紧急救援等措施救护受伤学生，防止事态扩大，并保护事故现场；及时通知学生父母或者其他监护人、委托代理人、承保保险公司，并按照规定报告有关人民政府和主管该学校的教育部门；及时成立专门处理小组组织调查处理，无法调查处理的可由有关教育主管部门或者其他有关部门组织调查处理。在调查过程中，负责事故处理的人员应当听取受伤害学生、学生父母或者其他监护人、代理人的意见，告知事故处理的途径、方法和程序。对出现情绪失控、有过激行为的学生、学生父母或者其他监护人、代理人，应当及时稳定其情绪，采取相应的应急处理措施。同时，应当保障受伤害学生、学生父母或者其他监护人参加事故调查的权利，及时、如实地告知他们事故调查处理情况。

3. 充分利用协商、行政调解、人民调解等非诉讼方式化解矛盾

《学生伤害事故处理办法》规定：发生学生伤害事故，学校与受伤害学生或者学生家长可以通过协商方式解决；双方自愿，可以书面请求主管教育行政部门进行调解。教

育行政部门收到调解申请，认为必要的，可以指定专门人员进行调解，并应当在受理申请之日起60日内完成调解。经教育行政部门调解，双方就事故处理达成一致意见的，应当在调解人员的见证下签订调解协议，结束调解；在调解期限内，双方不能达成一致意见，或者调解过程中一方提起诉讼，人民法院已经受理的，应当终止调解。调解结束或者终止，教育行政部门应当书面通知当事人。此外，学校和受害学生或者学生家长还可向学校所在地的学生人身伤害事故纠纷人民调解委员会或者基层人民调解组织申请人民调解。

4. 积极寻求法律专业人士的帮助

由于学生人身伤害事故的处理涉及较为专业的法律问题，故学校及教师在事故处理和与家长协商调解过程中，应尽量借助法律专业人士的力量，以避免因自身知识、能力的不足而导致的处理不当，保证纠纷的高效、和平解决。根据教育部2016年1月7日印发的《依法治教实施纲要（2016—2020年）》，各级教育部门要积极推动建立健全学校法律顾问制度。因此，学校法律顾问是学校及教师首选的专业法律资源。如果学校尚未配备法律顾问，也可以通过律师事务所、律师协会、高校和研究机构等渠道，寻求法律专业人士的帮助。

问题聚焦2：如何解决因教师管教引起的家校争议？

家校争议的另一焦点是教师对学生的管教问题，教师在教学过程中对学生的失范行为采取一定的惩戒措施以避免其再次发生，但在此过程中教师管教方式不当或家长获取的信息不对称，则会引起家校争议。对于这一问题，学校首先要积极进行调查，实事求是，严守学校底线；其次应及时与家长进行沟通，相互理解；最后要主动向公众说明事情真相，诚恳回应社会质疑。

精选案例：“捣乱分子”引发的争议

某小学生经常在课堂上无端大叫，扰乱课堂秩序。英语课上，该生又大喊大叫，英语老师忍无可忍，让他去隔壁办公室，以免影响其他同学学习。不料，该生却打砸了办公室，把办公室弄得一片狼藉，书本散落在地，办公桌也遭到破坏。事后，该生家长拉起了写着“老师多次辱骂、殴打学生！天理难容！”的黑白横幅，甚至还跪在教育局门口，鸣冤叫屈，要求还孩子一个公道。

科学分析

这是目前小学中较为常见的因教师管教学生而引发的家校纠纷。虽然我国法律尚未对教师的管教行为做出专门规定，但根据《中华人民共和国教师法》第七条规定，教师享有“指导学生的学习和发展”的权利。这意味着教师有权根据国家的教育目的和教育活动的基本规律，运用科学的方式和方法，促使学生的个性和能力得到充分的发展。为实现促进学生个性社会化的教育内在要求，这里的教育方式方法不仅包括鼓励、赞赏等正强化的方式，同时也应包括批评、隔离等惩罚性的方式。玉不琢不成器，树不修不成材。有了管教，方知敬畏；有了敬畏，方知底线；有了底线，方知对错。教育从来不是放纵，适度惩罚会让教育真正变得有力量。本案例中教师隔离该学生的做法是为了维护必要的教学秩序，未侵犯学生的人身、财产等合法权利，因而是合法合理的。家校纠纷的产生主要应归因于家长的冲动和无理。当然，学校和教师作为专业的教育工作者，应当学会引导家长正确看待和认识教师的管教行为，安抚和疏导家长的非理性情绪，避免此类纠纷升级为“校闹”“学闹”；同时也应知晓如何应对和化解此类“校闹”，正确处理和家长的关系。

解决办法

1. 正确认识教师的管教行为

教师的管教行为在学理上又被称为“惩戒”，即通过对失范行为施与否定性的制裁，避免其再次发生，以促进合范行为的产生和巩固。惩戒不仅是帮助学生更好地获得社会化和全面发展、实现教育目的的需要，同时也是维持必要的教育教学秩序、实现学生受教育权利的需要。因此，惩戒权是教师进行教育活动必要的权利之一，世界许多国家和地区都对教师的这一职业权利予以法律认可。我国教育立法未能对教师的惩戒权做出明确的规定，但零星分布在相关法律中的规定可在一定程度上视作教师惩戒的法律依据，如《中华人民共和国教育法》第二十九条第四项规定，学校及其他教育机构可行使“对受教育者进行学籍管理，实施奖励或者处分”的权利。《中华人民共和国教师法》第七条第三项规定，教师享有“指导学生的学习和发展，评定学生的品行和学业成绩”的权利。因此，教师为实现教育目的和维持教育秩序而采取的管教行为是合法合理的。同时，在现实中必须注意区分惩戒和体罚，不可将教师正当的批评教育行为认定为体罚。

2. 积极主动查清事实真相，依法处理争议，坚守学校底线

矛盾纠纷产生后，学校应迅速成立专门小组开展调查，可通过调取视频资料、询问当事人及相关教师和学生

等方式，掌握第一手资料，并实事求是地做好笔录。如果教师的行为构成体罚，学校应依法对其进行处分或者移交教育行政部门进行处理，同时积极、真诚、耐心地与家长沟通协调，安抚家长的不满情绪，共同协商解决方案。整个调解过程可在学校带有摄像设备的房间进行，并可寻求法律专业人士的支持和帮助，有理有节地依法处理，不能毫无底线地迁就家长的所有要求。如果教师的行为属于正当的管教行为，学校应通过当面解释、给家长写信等各种方式，以学生的健康成长和全面发展为出发点，引导家长正确认识教师的教育行为，促使其与学校形成教育合力。若家长对学校的解决方案和认定仍不满意，则应告知家长解决争议的法律途径以及违法“校闹”应承担的法律责任，还可以借助政府相关部门或居委会（村委会）、企业等社会力量，协助学校进行二次沟通。

3. 安抚和稳定涉事学生和教师的情绪

一方面，对涉事学生应当根据不同情况做好安抚工作：对性格开朗、明白事理的学生，只要真诚相待，动之以情，晓之以理，就可解除心结；对孤僻内向、心理脆弱的学生，要耐心做好心理辅导，让其了解教师惩戒的原因和本意，逐步消除心理障碍，使其适应学校教育环境，配合解决家校矛盾。

另一方面，对合理行使惩戒而被误解的教师，不能一味地指责甚至将责任推给他们，而应站在教师的立场及时给予关心和抚慰，引导他们正确处理和家长的关系，防止其做出过激行为引发新的矛盾。

4. 主动掌控和正面引导舆情

学校及教师应高度重视舆情特别是网络舆论，掌握舆论发展动向，积极主动地向社会公众说明事情真相、回应舆论质疑，对舆论进行正面引导。在面临舆论危机时，还可借助专业力量进行危机公关，避免舆论成为煽动“校闹”的工具。

第五章 初中开展家庭教育指导的策略与方法

第一节 家庭教育指导策略

一、在尊重与理解中体现以学生为本

初中生开始了中学时代的学习生活，身心变化和学习环境的变化，使其自我意识和独立人格开始觉醒，渴望与同龄人为伍，对父母权威的逆反心理增强。因此，在开展家庭教育指导工作中，教师应指导家长理解初中阶段学生身心发展的情况，充分尊重学生的成长需求和个性，通过营造平等、宽松的亲子关系，适当制订规则引导学生养成自我管理的习惯，并适度引导学生结交志趣相投、道德高

尚、勤奋上进的朋友。

二、在服务与指导中确立家长主体地位

教师在开展家庭教育指导时，要秉持为家长服务的理念。尊重家长意愿，了解家长群体普遍存在的教子困惑，从而帮助家长缓解家庭教育的压力。根据家长急需的家教知识探索、开发、整理具有互动性和吸引力的指导内容，使之具有时代性、代表性和前瞻性。在指导活动中，要因人而异，使家长能获得符合个体需求的独特的体验与感悟，调动家长参与指导活动的积极性，提升家庭教育质量。

三、在指导目的与内容上把握正确方向

教师在开展家庭教育指导中要牢牢把握立德树人的育人宗旨，家庭教育指导目标应该与国家的教育方针和全面推进素质教育的目标相一致。在家庭教育指导内容上，要重视中华传统美德和良好家风的挖掘与传承，与家长共同培育初中学生的社会主义核心价值观，培养有理想、有道德、有文化、有纪律的社会主义建设者和接班人。

四、在互动与自主选择中突出合作共进

家庭教育指导要改变以往学校教师单向指导、家长被动接受的局面，将家长和教师作为共同促进初中学生发展

的主体来看待，充分发挥教师、家长的资源优势。教师要让家长全面了解初中阶段的培养目标和孩子身心发展的特点，树立全面发展的家庭教育观。要倾听家长的意见，引导家长主动参与指导活动。要赋予家长自主选择的权利，发挥家长的智慧，注重互动性，实现教师与家长、家长与家长间教育资源和育儿经验共享，教育思想和认识相互融合，教育方法和手段共同改进。

第二节　基于主要问题的家庭教育指导方法

专题一：家校协同共育

问题聚焦1：班主任如何把握家校沟通中的“度”？

家校合作共进才能为教育助力。在家庭教育指导过程中，班主任要以尊重、合作、赏识和分享的姿态和家长积极沟通，把握好协同教育中的“度”。首先，班主任应通过家长会、微信群、各类活动等方式，提升家长的教育观念，帮助家长了解班主任的教育理念，形成家校教育合力。其次，班主任在与家长沟通中要不卑不亢，主动表达善意，表示对家长的理解和尊重。教育成年人不在班主任的工作范畴内，班主任不能直截了当地指出家长的问题或讥讽家长多余的担心。最后，班主任要读懂家长的需求，尽可能满足家长的核心诉求，理解家长想要了解孩子学习生活情况的需求，同时也要了解家长和孩子的关系和相处模式。

精选案例：军训第一天遭遇过度紧张的家长们

初一入学后军训的第一天，班主任王老师不断接到家长们的各种短信："王老师您好，这几天孩子嗓子不太舒服，麻烦您提醒他多喝水。""王老师您好，孩子今天表现得怎么样？没给班级拖后腿吧？""王老师您好，孩子忘记带饭盒了，请您提醒他自己去小卖部买一个。""王老师您好，孩子带着感冒药呢，请您提醒他按时吃药。"……

王老师非常理解这些刚刚把孩子送入初中的家长们的心情。孩子们是带着探寻和欣喜进入新环境的，非常兴奋和新奇。家长们大多第一次让孩子参加集训，非常焦虑不安。比如担心孩子的衣食住行，担心孩子不能适应新的集体，担心孩子身体不适。

科学分析

班主任在新接一个班的时候都要带好两支队伍，即家长和学生。而家长比学生更不好带，因为教师没有教育家长的权利，班主任没有资格给家长下达指令。所以，面对家长的各种诉求，班主任首先要尊重并理解家长，要不厌其烦地逐一回复，告知他们自己收到了这条信息，并且会积极去做，请家长安心。这样家长会觉得自己的需求得到了满足，得到了教师善意的帮助。但是，班主任也不能无原则满足家长的要求，要让家长知道自己的孩子在学校需要过集体生活，他到了学校就是集体中的一员。家长不能过多地要求教师去关注自己的孩子，这一方面对其他学生不公平，另一方面也无益于孩子在集体中锻炼成长。因此，班主任在晚上总结时，通过展示照片让家长们了解孩子的军训生活，缓解他们紧张的心情，家长们开始建立对教师的信任感。同时班主任也要巧妙地把这些过分关注自己孩子的家长的行为指出来，让家长们明白这样做没有必要，初中学生不是幼儿园的小朋友，班主任也不是保姆。

解决办法

班主任不能像妈妈，这样就没有界线感。班主任要让学生和家长明白：学校和家庭不同，教师和家长不同。家校关系的本质是：两方成年人为孩子发展而组成联盟，应该建立协同发展的关系。

首先，班主任要让家长们放心踏实。所以王老师给所有问询或叮嘱的家长简单回复：“好的，我知道了，您放心。”

其次，班主任要及时让家长了解学生的日常生活常态。在当天晚上总结时，王老师发了学生们各种训练的照片、休息时喝水的照片、和同伴们说笑玩闹的照片、就餐时的照片，以及各种菜品的照片、宿舍的照片等。

最后，班主任要潜移默化地向家长传达自己的教育理念。王老师在晚上总结时把一天里学生的表现和存在的问题做了简要的总结，但是没有表扬或批评任何一名学生，都是在谈班级整体的精神面貌和教师对班级的期待。并告知家长们："今天我们有6名家长提醒孩子喝水，3名家长提醒孩子吃药，2名家长问询孩子的情况，期待明天同学们都能积极表现，不再让家长们担心。"

问题聚焦2：如何设计和实施亲子课程?

《全国家庭教育状况调查报告（2018）》显示，目前家庭教育普遍存在的问题是：家长对孩子的学习特别关注，习惯用增加作业量、报补习班等方式提升学习成绩，但是对孩子学习生活的参与程度却远远不够。初中生在生理上不断成熟，使他们的"成人感"迅速提升，在生活中遇到困难和有心事时不愿向父母敞开心扉。良好的亲子关系对学生成长有重要作用，学校亲子课程设计越来越受到教育工作者以及家长的关注。

在亲子课程设计和实施中需要注意以下几点。

（1）亲子课程对孩子、家长、教师都有着重要意义和深远影响。但是不要硬性要求每一个家庭必须参与，要尊重家长的意愿。

（2）学生始终是亲子课程的主角。在课程实施过程中，指导家长不能包办代替，要尽可能给学生以体验锻炼的机会，同时要量力而行。

（3）要充分利用节假日契机开展各类亲子课程，并指导家长在课程中与教师合作，在互动中培养和提高学生的能力。

精选案例：走进亲子公益活动

为了帮助经济上有困难的学生，张老师组织学生和家长进行爱心义卖。班级还在爱心公益网站进行了注册，家校携手，定期开展亲子公益活动，先后去贫困山区助学，去公园做环保，去国学书院体验传统文化，去儿童福利院慰问……

带着孩子一起做公益，如今已经列入许多家庭亲子活动的清单。王女士是公益活动积极分子，每逢休闲时间，她都要带儿子去参加公益活动，例如去儿童福利院、敬老院等，培养孩子的爱心。然而，一些家长却认为公益活动和自己关系不大，浪费时间和精力，因此给孩子报各种补习班或带孩子外出游览……

那么，什么是亲子公益活动？亲子公益活动有什么意义和价值呢？

科学分析

亲子公益活动是一种体验式的家庭公益活动，它以孩子为中心，家长和孩子共同参与，通过亲子志愿行为，实现更好的成长。其最大特点是综合性、平等性、体验性和可持续性。亲子公益活动看似占用时间去帮助别人，但是对家长、孩子以及教师有着重要的意义和深远的影响。

对于家长而言，亲子公益活动为父母创造了开展家庭教育、培养亲子关系、了解孩子的新途径。

首先，它有利于增进家长和孩子之间的情感交流，促进亲子关系的健康发展。当代社会，竞争日趋激烈，许多父母把主要精力用在工作中，亲子间的接触不及过去频繁。如果家长带上孩子参加公益活动，就能增进亲子间的彼此了解，让孩子感觉到父母的关心和爱，感受到家庭的价值观。

其次，它有利于帮助家长转变固有的认识和教育理念。比如，说教型家长在面对孩子的问题时，总是讲大道理，但光讲大道理作用不大，会导致孩子厌烦、麻木。因此，公益活动能让家长在活动中感受并认识到行动比讲道理更重要。

赵女士说："孩子做公益活动看起来好像占用了学习和休息的时间，但收获是很难用金钱衡量的。在活动中，孩子掌握了更多新技能、积累了经验、认识了社会，跟不同年龄和层次的人交往，获得社会和别人的认同。这是非常难得的。"

对于孩子而言，亲子公益活动具有独特的价值。首先，它对培养孩子的公民意识，纠正其品德行为偏差有着积极的意义。现在孩子大多为独生子女，身上多了一些任性骄纵。公益活动让他们走出自己的生活小圈子，既承担社会责任，帮助他人，体验到劳动和服务的快乐，又认识到自身价值，感受到集体的力量和温暖。其次，它不仅拓宽孩子的视野，让孩子体验和认识社会，增长经验，还能激发潜能，锻炼能力。这些都是对学校教育的重要补充。

对于教师而言，亲子公益活动一方面是对学校教育资源的补充，另一方面能有效进行家庭教育指导，拉近家校间距离，凝聚合力，引领成长。在活动中，教师通过观察，了解家长的教育方式，有针对性地提出建议，帮助家长及时改进。此外，开展亲子公益活动对教师成长也有积极的意义。

解决办法

教师在开展亲子公益活动时，应注意以下几方面。

首先，要从思想观念上引领和提升家长对于亲子公益活动的认识，通过家长会、微信群、公众号等渠道，向家长传递亲子公益活动理念，介绍助人为乐、热心公益活动的典型人物和事例，提高家长自身素养，同时取得家长的理解和配合。

其次，要认识到家长既是重要的教育资源，又是教师的同盟者。因此，要充分发挥家委会的作用。活动前，预设好活动方案，给家长分配任务；活动结束后，要听取家长意见，总结经验教训，提升指导能力，更好地促进家校合作。

最后，要保证人身安全。活动前要制订安全协议。如果有的家长不能参加活动，把孩子交由别人照顾，则必须签订托管协议。

孩子始终是亲子活动的主角，对于价值观的形成正处于关键时期的他们来说，参与过程非常重要。只有让孩子“做事”，多实践，多锻炼，才能培养他们的爱心和正确的价值观，促使其健康成长。比如，不能让孩子仅仅满足于向父母要钱去做公益活动，一定要让其有实质性的劳动付出。为此，教师和父母要根据孩子成长发育的特点，设计适宜的实践活动，让他们通过完成力所能及的任务，获得酬劳，“挣钱”做公益活动。比如：组织他们从身边小事做起，允许他们自主挑拣合适的衣物、玩具和旧书本进行义卖，到公园进行捡垃圾比赛，参加植树造林活动，去图书馆、敬老院、儿童福利院做义工……如果挣不到钱，可以省下自己的零花钱。总而言之，孩子通过劳动付出，有了“自己的钱”，他们就会变得更加自信。

从时间上来说，要充分利用节假日契机进行公益活动。比如植树节去绿化，儿童节到儿童福利院，重阳节慰问老人等，这些公益活动既有意义，也有效果。此外，教师和家长逐渐放手，让孩子们设计实施，他们会发现公益活动并非遥不可及，方式可以多种多样，在参与的过程中发现自我价值，体验成长的快乐。

总之，公益活动不是个人的单打独斗，需要一群人共同参与。通过设定共同目标，家校携手，共同发展。

专题二：学生学习发展指导

问题聚焦：从“问题学生”走向“学生问题”

“问题学生”不是孤立存在的，而是嵌入在错误教养系统中的，家校合作才能解决“学生问题”。教师要引导家长转变思维方式，将“问题学生”视为“学生问题”，通过正确的教养方式合力预防“问题学生”的产生，并且“对症下药”，干预不同类型的“学生问题”。

精选案例：活跃在班集体里的“问题学生”

学生作为发展中的个体，在社会化的过程中通常会表现出多种多样的问题。在初中阶段，由于学习难度增大，“问题学生”明显表现出学习问题并伴随着交往问题和心理问题。这些问题在持续时间和严重程度上都超出了一定的范围，导致其学业成绩长期达不到课程标准的要求，在学校中处于不利地位，被教师、家长和同学视为需要帮助的“问题学生”。

一位初中英语教师说：“张星这个孩子，别的科目我不知道，就英语来说我觉得有很大困难。你让他读他就读，你让他写他就写，学的时候都学了，可就是学不会。

怎么引导都不行。一个知识点，我讲过两遍，其他同学都会了，他不会。我和他的父母交流了，他们工作很忙，不知道如何教育孩子，现在张星对学习英语没有信心，父母也很无奈。平时都是爷爷奶奶带张星，爷爷奶奶很宠爱他，都说他在家里的学习态度很端正，不是那种调皮捣蛋的孩子，在英语学习上只是还没‘开窍’。”

科学分析

很多家长不知道该如何引导和教育“问题学生”，而“问题学生”之所以出现问题，与他们进入初中后的学习环境密切相关，与他们内在的生理和心理的变化相关，也与现行的教育评价方式相关。

首先，学生进入初中以后，学习环境发生了巨大的变化，可能存在适应困难的问题。学生在校时间变长了，学习科目增多了，对新的学习方法不适应。如果家长不能适时地帮助儿童确立恰当的学习目标，培养儿童勤奋学习、持续学习的意志力，并帮助他们制订合理的学习计划，养成良好的学习方法和学习习惯，那么他们就很可能出现学业问题。如案例中张星缺乏父辈的指导，在面对问题时，祖辈家长又以“孩子小，不懂事，等他长大了自然能学会”的理由搪塞，错失了解决问题的机会，也扼制了孩子的独立能力和自信心的发展。

其次，初中生正处于从童年向成年的过渡期，情绪波动大，敏感易怒，情感内隐，这一阶段要完成初步建立自我同一性的任务，容易出现心理问题，进而影响学习成绩。同时，初中生的独立意识和自我意识不断增强，这一阶段的学生对父母依恋减少，重视同伴交往及同伴评价。一旦不能通过积极的方式与同学和教师进行交往，容易出现交往障碍，甚至转化为行为问题和学习问题。

最后，学校的评价标准也对“问题学生”的产生负有一定责任。尽管素质教育已经深入人心，但“分数至上”的观念依然大行其道，很多学校还是用一把尺子量人，用分数评价学生。更重要的是，当学生也认同成绩是学校场域中衡量一切的标尺时，外在的压力会转变为内在的压力，分数对孩子的心理影响就更加难以估量。如果学校多提供几把“尺子”，孩子们的心理会更健康。

解决办法

1. 未雨绸缪：合力预防“问题学生”的产生

教师要引导家长转变思维方式，将“问题学生”视为“学生问题”，指导家长把握好爱的尺度。溺爱会使家长忽视原则，难以使爱的浇灌结出理想的硕果。家长需要把握爱的尺度，教会孩子做人，培养孩子的能力和刻苦学习的精神，为孩子的健康成长奠定坚实的基础。

2. 对症下药：共同干预不同类型的“学生问题”

（1）“行为问题”——强化和塑造积极行为

行为主义理论认为，人和动物的行为是后天习得的，是被强化的结果，如果想塑造或保持某种行为，可以通过奖励来增加期望行为的产生以及出现的频率，最终形成期望行为。在具体实施中，教师首先要和家长共同制订关于学生的具体的行为目标，并确定使用的强化手段。如果学生达成行为目标，教师和家长给予学生某种奖励。随着积极行为的塑造，当学生以期望行为获得教师和同学的尊重和认可时，那些未经强化的消极行为会随着时间逐渐消退。

（2）“学习问题”——为学生准备“矮树枝”

西方有句古老的谚语：上帝为每一只笨鸟都准备了一根矮树枝。在学校中成绩成为衡量一切的标尺，有“学习问题”的学生会在学业上受挫，教师和家长要充当上帝的角色，为他们每个人都送去一根“矮树枝”。在学生学业成绩不佳时，教师要引导家长保护好孩子的自信心，通过肯定孩子的优势，鼓励孩子发展自己的兴趣，发掘孩子的潜能。也可以通过开展丰富多彩的活动，让学生在履行职责中获得存在感，让他们在集体中找到自己的位置。

3. 静待花开：指导父母耐心等待学生成长

初中生出现的问题是成长中的问题，是学生在寻求独立的过程中需要解决的问题。因此，教师要指导父母克制自己总是想“管住”孩子的冲动，面对孩子的问题，多听孩子的意见。如果父母很好地配合孩子的成长，把一些权利交给孩子，那么孩子在逐渐学会独立的同时，也培养了自我管理的能力。对于很多父母来说，这样做可能有一定难度，但是为了帮助孩子成长，父母要努力静待花开，助力成长。

专题三：学生健康成长指导

问题聚焦1：如何建立异性间纯洁健康的友谊?

对异性的亲近和爱慕是青少年在身心发展过程中自然出现的一种心理现象。父母和教师要指导和帮助学生恰当处理与异性同学之间的交往，建立纯洁健康的友谊。

精选案例：坠入“爱河”，怎么办？

王雯是班上的英语课代表，平时爱说爱笑、活泼开朗，人长得漂亮，对工作认真负责，老师和同学们都很喜欢她。她学习成绩一直很优秀，可到了初二下学期，成绩急速下滑。上课不认真听讲，做家庭作业也变得敷衍起来。上课时经常拿着小镜子照呀照，要么整整衣服，要么捋捋头发，课代表的工作做得也不如以前认真了。有一次单元测验，她只考了六十多分，在班上排名倒数，这让老师和家长都十分惊讶。后来才得知，她和本校初三年级的一个男生谈恋爱了。两人因为同住一个小区，又经常一起回家，她感觉那位男生很帅，于是不由自主地坠入“爱河”。

科学分析

进入青春期以后，青少年的身高、体形等方面开始发生巨大的变化，他们对自身的容貌和体形的关注程度迅速上升，有时甚至会影响学习和生活。这一时期伴随着性激素的分泌增加，第二性特征开始出现，性生理迅速发展和成熟，使得他们具有很强的性意识和性欲望。他们希望与同龄异性交往的心理便“应运而生”。通常来说，青春期少女的恋爱心理是朦胧的或理想化的，甚至有些少女把自己爱恋的男性作为崇拜的偶像而产生错误的爱情观念。这就需要教师和家长教会他们理解爱的本质，教会他们如何去爱，帮助他们建立正确的爱的观念和行为模式，只有这样才能促进他们的发展与成长。

解决办法

1. 正确认识孩子的“早恋”行为

“早恋”是孩子进入青春期以后，随着身心的发展和受到社会文化影响，出现的一种常见的心理现象。作为父母和教师，要能够准确把握青春期学生身心发展的阶段性规律，正确认识孩子的“早恋”行为。不要因为传统思想的影响，就先入为主地把“早恋”贴上违反伦理道德或是品行低下的标签。在尊重孩子感情和自我发展的同时，也要清楚地认识到，未成年的学生还处于成长和发展的阶段，他们的身心发展还不成熟，他们对未来的婚姻和爱情有着美好的向往，但同时又缺乏对正常交往中的友情与爱情的辨别能力，因此容易陷入“早恋”中，对未来的成长和发展造成负面影响。

2. 注意平等沟通，多加倾听疏导

教育家马卡连柯曾经指出，恋爱是不能禁止的。面对孩子的“早恋”行为，父母和教师都应当以平常的心态来看待，注意采用正面教育的方法，循循善诱，耐心做好转化工作。在与孩子沟通的过程中，应以平等的态度、朋友的身份，晓之以理，动之以情，帮助他们处理好青春期的情感问题。不能居高临下，严词训斥，更不能粗暴对待，强行拆散，否则势必引起孩子的逆反心理，导致更加严重的后果。一般来说，出现“早恋”行为的学生往往会因为怀有“负罪”心理，承受巨大的压力，父母和教师要采用疏导的方法，引导其说出自己的感受，在疏导焦虑情绪的同时，引导他们正确地处理理智与情感之间的关系。走出“早恋”的误区不是一朝一夕的事情，家长不应采取隔离或围追堵截的办法。要给孩子充分的时间去思考判断，家长切忌言语和情绪过激，千万不能做伤害孩子的自尊心的事。

3. 陈述利弊，引导孩子自主做出决定

进入青春期以后，孩子的自我意识有了很大的发展。他们开始关注自我、体会自我、研究改造自我，并形成了一定的自我分析、自我理解、自我评价和自我纠正的能力。父母和教师应当以此为基础，帮助孩子增强自我控制能力，引导孩子理性看待“早恋”问题。父母和教师可以结合事实和典型案例，客观分析“早恋”的利弊。一方面要告诉孩子恋爱是人类正常的心理活动，是受法律保护的公民自由。另一方面也要让孩子认识到“早恋”的弊端和危害，如：空口承诺，难以持久；不够理智和成熟，容易冲动，狂热痴迷，影响学习；遭遇挫折时容易产生偏激行为，如殉情、恶意报复、离家出走；等等。

4. 科学安排学生的学习和生活，逐渐淡化恋爱关系

初中生正处于成长发育高峰时期，他们精力充沛，喜爱活动。学校和家庭要科学地安排学生的学习生活和业余活动，使得他们的时间和精力投入到更有意义的活动中去。父母首先应该从情感的角度理解、支持孩子，努力培养孩子广泛的兴趣和爱好，以使他们达到陶冶情操、愉悦身心、调节情绪和充实精神生活的目的。学校可以通过调整座位、重建伙伴关系等灵活多样的方式，逐步减少两人交往的时间和机会，通过正常的同学友谊逐渐淡化恋爱关系。还可以创造条件使得他们多和其他优秀学生共同学习和活动，使他们发现和感受其他学生身上的优秀品质，逐步树立积极进取的信心。

5. 开展爱的教育，指导异性学生正常交往

青少年对爱的认识往往处于一种朦胧和飘忽不定的状态，学校应从生理、心理、情感等诸多方面开展有效的青春期教育，强化学生的道德意识和责任意识，帮助学生树

立正确的爱情观。教师要多关注学生的心理变化和思想状况，及时发现学生“早恋”的迹象，比如：上课不专心听讲，通过互借书籍传递约会信息；爱打扮，讲究穿戴，以此引起异性注意和好感；喜欢看言情小说；学习成绩突然下降；故意搞恶作剧吸引对方；等等。要引导和帮助异性同学之间建立纯洁的友谊，不过分夸张，也不矫揉造作，适度交往，真诚交往，不引起对方的错觉和误解。要及时与家长取得联系，相互配合，劝告家长不要伤害孩子的自尊心，不要采取打骂等过激行为。

问题聚焦2：如何告别对电子产品的依赖？

当今时代，学生依赖电子产品的现象比较普遍，他们在手机等电子产品中寻找成就感、安全感、归属感。而初中生的自控能力不强，长时间使用电子产品会消耗过多时间和精力，影响正常的学习和生活。面对这个问题，教师要引导父母对孩子进行疏导，通过民主协商制订手机使用规则，提高孩子对使用手机的自控力。教师要积极与学生和家长沟通，在家校合作中帮助学生告别对电子产品的沉迷。

精选案例：令家长苦恼的“手机控”

智能手机作为人们生活中不可缺少的工具，让很多学生不知不觉间沦为“手机控”，路上玩手机，吃饭玩手机，上厕所玩手机，睡觉前玩手机……有的学生甚至达到了“欲罢不能”“废寝忘食”的地步。这让家长们非常担心，却又束手无策。

一位母亲说：“我12岁的女儿最近手机不离手，无论干什么事情都拿着手机，沉迷于小说、漫画、电视剧和游戏之中，经常以学习的名义使用手机。她本来学习成绩就差，现在更是无心学习。在我多次批评教育或引导后，孩子不但没有好转，还出现了严重的逆反心理，经常和我争吵，这让我很苦恼。我女儿是不是患上手机依赖症了？怎样才能让她放下手机？”

李先生的儿子轩轩今年上初一，也存在类似的问题。李先生每次让儿子学习，儿子就会说“马上，马上，我打完这盘游戏就去”。事实上，轩轩每次说完，又会玩好半天。李先生只有和轩轩急了，轩轩才不情愿地放下手机。很多家长都有跟李先生类似的经历和感受。

孩子沉迷手机的问题，真的就没有解决的良方了吗？怎样才能帮助孩子告别手机依赖？

科学分析

为什么初中生会沉迷于手机？主要有以下几个原因：

（1）学习压力很大，手机资讯丰富鲜活，能减压放松；（2）现实生活空虚无聊，手机游戏乐趣多多；（3）现实生活里缺乏成就感、安全感、归属感，得不到认可，玩手机时可以找到“王者归来”的成就感；（4）平时缺乏父母的陪伴，而通过手机可以与很多朋友保持联系；（5）整个大环境的诱惑，父母和周围的人都在玩手机，自己也不愿去学习。

初中阶段，孩子进入青春期，他们渴望独立，一旦被父母过度束缚，就会产生逆反心理。青春期是孩子最敏感脆弱的时期，一旦超出了承受能力，很容易就选择逃避，这时，智能手机因其多样的功能和丰富的内容成为他们的精神支柱就不稀奇了。手机依赖多见于自卑、缺乏自信、自控力低的孩子，与心理空虚、缺乏存在感等因素有关。部分初中生因为学习基础薄弱，跟不上学习节奏，成绩不理想，自然会产生自卑心理，学习兴趣随之降低。加上自控力比较低，又缺乏家庭有效监管，才会出现依赖手机的现象。

有人说“要想毁掉一个孩子，就给他一部手机”，可见手机对孩子的影响力有多大。玩手机都有哪些危害呢？

1. 阻碍身体发育

首先，孩子频繁地玩手机，大量的电磁辐射对生长发育极为不利，甚至还会引发哮喘等多种疾病。英国专家经过长时间的研究后发现，手机电磁场会大大地削弱儿童脆弱的免疫系统，反过来又降低了儿童对电磁场不良影响的抵抗力。国际上从事辐射微波研究的权威专家发现，手机在发射微波的同时也存在“极低频磁场”，达到一定程度有可能引起白血病和肿瘤，其中，对儿童影响最为显著。其次，玩手机的时间长了，孩子的活动和睡眠时间自然就少了，很容易导致身体发育推迟、运动功能低下、长不高等问题。长时间握着手机，手部保持同一姿势，也会影响手指的发育。低头看手机，对颈椎伤害也很大，容易导致脊椎变形。

2. 引起视力下降

有研究表明，视力正常的孩子连续玩手机20分钟，其视力将接近近视状态。手机屏幕忽明忽暗，不停地变化，孩子长时间的注视会引起视疲劳，眼睛酸涩，导致近视，甚至患上干眼症。而手机屏的蓝光可以直接穿透视网膜，给孩子的眼睛带来很大的危害，同时也有可能造成视力永久受损。

3. 影响孩子的社交能力和心理健康

孩子的很多能力和性格，只能在与真人的互动中学习。比如，如何与人更好地交流，如何在冲突中控制自己的情绪，如何识别他人的情绪，等等。如果孩子长期面对手机营造的虚拟世界，很容易形成单向的思维模式。在面对面交流时，他们无法很好地表现姿势、表情和运用语言。如果手机占据了孩子的大部分时间，他们更容易对手机产生依赖。当面对真实的社会交往时，他们就会失去热情，使得人际交往淡化，语言表达以及社交能力退化，有些孩子甚至不愿与现实中的人交往。

4. 容易诱发心理疾病

有专家发现“网络成瘾”的青少年大脑中的化学物质不平衡，这种不平衡与经历焦虑和抑郁症的人相似。这些智能手机成瘾的青少年在抑郁、焦虑、失眠和冲动方面的指标显著高于正常人。长期沉迷于网络虚拟世界，很容易诱发孩子患上自闭症、孤独症、过度依赖网络症等心理疾病，导致注意力、记忆力下降，学习成绩下滑。

5. 盲目攀比，不择手段

有的孩子羡慕别人有手机，于是不择手段地想购买手机，有的孩子谎称学校收费，有的从一日三餐中省钱。为买到较好的手机，更是不顾一切。有个报道称：一个13岁男孩偷偷从家里拿走1.4万元，花7 000多元买了一部手机。孩子事后给出的解释是很多同学都有智能手机，可自己的手机不是智能的，于是偷拿家里的钱买新手机。

解决办法

教师一旦发现学生沉迷手机，需要在心态、策略、责任等方面引导家长。具体来说，包括以下几个方面。

首先，如果学生出现手机依赖，教师应指导家长正确认识手机对孩子的影响。引导家长不要一味说："快去写作业！别玩手机了！再玩就没收！"人类社会进入人工智能时代，禁止孩子接触智能手机，是跟社会脱节的做法。家长需合理疏导孩子，引导孩子明白手机依赖的危害，正确使用手机可以获取信息和知识，提高孩子的信息素养。

其次，教师要积极与学生和家长进行沟通。通过沟通，判断学生是因为哪种因素导致的手机依赖，再对症下药，为学生量身定制"治疗方案"。引导家长与孩子民主协商，通过制订规则规范手机使用行为，让孩子有"节制"地玩手机。例如：与孩子提前达成协议，做完作业或者做完家务，可以玩一次手机；用游戏或者公约的形式控制使用时长，如约法三章，每天只能玩手机20分钟，到时间就关机；制订科学的作息时间表，几点吃饭，几点写作业，几点运动，几点洗澡睡觉，每天把生活作息安排得科学而有序，预防孩子沉迷手机。

再次，教师应尊重学生的意愿，鼓励他们对手机依赖问题进行独立思考与理性表达。在制订方案的过程中，教师和家长要耐心征求学生的意见。在学生能够接受的情况下，为他们搭建平台，通过增加户外运动或寻找替代品等方式，倡导学生多做有意义的活动，将其注意力从手机上转移。比如：引导学生参加感兴趣的学校社团，发展自己的兴趣爱好；带领学生参加社会实践活动和各种赛事活动；交给学生更有挑战性的任务等，让有意义的活动丰盈他们的生命和生活。与此同时，要告诉学生加强自控力才是告别手机依赖的关键，通过树立自信、调整生活方式、转移注意力等，逐步摆脱对手机的依赖。

最后，教师应提醒家长承担起必要的监护责任。由于初中生正处于青春期，其自我意识飞跃发展却又不成熟稳定，情绪存在半成熟、半幼稚的矛盾性等特点，其自控能力也存在着不够持续和稳定的特征，孩子在使用手机的问题上离不开成人的正确引导。家长要以身作则，做好榜样，如果家长在家里机不离手，却要求孩子远离手机，只会引起孩子的反感和不服气。想要正确引导孩子，家长只能少玩手机，尽量不在孩子面前玩手机。和孩子在一起的时候，要专注地陪孩子读书或做游戏。如果家长确实有事情需要使用手机，要真诚地告诉孩子自己是在处理工作，工作完成后马上放下手机。

问题聚焦3：学生受不良文化影响怎么办?

文化对人的成长和发展具有重要的影响，人的发展从某种意义上来说也可以看作是一种文化的过程。特别是在当代社会，随着社会结构的转型，价值观念的多样化和文化多元化的趋势变得日益显著，各式各样的流行文化随之获得了蓬勃发展的空间。教师与家长需关注社会不良文化对青少年成长和发展的负面影响。

精选案例：不良动漫的诱惑

孙薇是初中一年级学生，学习成绩一直非常优秀。初一下学期她考了全校第一名。父母为了奖励她，就给她买了一台电脑。有了电脑之后，孙薇就天天看日本动漫，经常回家书包还没放下来，就冲到电脑旁边开始看动漫，学习越来越跟不上了。因为喜欢动漫，孙薇用自己的零花钱购买了许多动漫产品，还经常和朋友一起参加动漫展会活动。父母看她喜欢的动漫里常有一些色情、暴力的画面，就劝她不要再看，甚至把电脑锁起来，可她却满不在乎，还指责父母是老古董，根本不知道什么叫流行文化。父母看在眼里，急在心里，担心她在动漫中越陷越深，但又不知道该怎么办。

科学分析

青少年亚文化，是指主要由年轻人群体创造的、与父辈文化和主导文化既抵抗又合作的一种社会文化形态。动漫文化是当代青少年亚文化的一种主要类型，它以丰富的故事性、幽默的语言风格、直观的表现形式牢牢地吸引了青少年的注意力。特别是那些来自日本和美国的动漫，以幽默搞笑的风格、青春热血的激情或纯洁懵懂的情感等因素吸引着青少年，使得青少年更容易集结成团体，共同分享乐趣和感受。在本案例中，孙薇因为受到动漫文化的影响，不仅耽误了学习，而且影响到与父母的关系，如果家庭和学校不能采取有效的措施进行干预，她可能真的会沉浸在动漫文化所营造的虚拟环境之中，以致沾染恶习或走向违法犯罪。

解决办法

1. 客观认识青少年亚文化，引导青少年文化向主流文化融合

教师应当认识到青少年亚文化产生的根源并看到其中的积极因素，以新的教育理念，积极正确地引导、升华青少年亚文化向着健康向上的方向发展，使青少年亚文化在青少年的健康成长中发挥积极的作用。面对青少年亚文化的存在，教师要避免人为地压制青少年成长的动机和愿望，忽视青少年本身的价值倾向和行为方式，进而全面否定青少年亚文化的存在意义。在文化和价值观念日趋多元的时代，教师应当建立与这样一种时代特征相适应的教育理念。要将校园建设成为一个由不同背景的社会成员组成的多元文化的熔炉，通过多元文化的交流与碰撞，教育青少年正确把握市场经济条件下多元文化环境中的人生价值目标，自觉抵制各种不正确价值观的冲击，把自我价值和社会价值有机统一起来，确立以奉献社会为主导的人生价值观。

2. 坚持立德树人的教育理念，加强道德和法治教育

教师应当改变偏重学习成绩的教育模式，坚持立德树人的教育理念，加强对青少年理想、道德、纪律、法治和心理健康的教育，引导青少年树立科学的人生观、世界

观、价值观，提高自我约束、自我保护的能力，自觉抵制不良文化的影响。学校道德教育要注重实效，改变刻板说教的模式，贴近学生的生活实际，回答日常生活中的道德问题，解答学生的道德困惑。教师要组织开展多种活动，通过节日教育、义务劳动、社会调查、志愿者行动等多种形式，引导学生在社会实践中提高道德认知能力和道德实践水平。学校要改变法治教育流于形式的做法，积极开展法治教育和法治宣传，充分利用法治教育课堂，以案释法，聘请律师和检察官担任学校法律顾问，增强学生的法律意识与法律素养，使得法治真正走进校园，走进每一个学生的内心。

3. 加强校园文化建设，提升校园文化的品位

良好的校园文化氛围，有利于学生高尚品德和文明习惯的养成。学校应当充分重视校园文化作为“隐性课程”的育人作用，积极抓好校园文化建设。通过各种活动如各种团队活动、文艺活动、体育活动、节日庆祝活动等丰富校园文化生活，通过广播、板报、公众号等媒体传播社会主流政治观、道德观、价值观，努力体现主流文化的吸引力、感染力，提升校园文化的品位。教师要走入学生的日常生活，了解其所崇尚的亚文化，努力发掘其中的积极因

素，对于那些符合时代发展方向，有利于学生健康成长、良好个性培养、健全人格塑造的校园亚文化要大力弘扬，使其融入主流文化之中。要加强对中性亚文化的引导，努力改造、合理疏导各种消极亚文化。要注意优化校园自然环境，包括校园的绿化、美化，各种建筑物以及青少年生活、学习、活动场所的美化等，以优美、整洁的自然环境，积极、健康向上的文化环境陶冶青少年的性情，润化青少年的思想，塑造青少年的美好人生。

4. 采取有力措施消除不良文化滋生的土壤

青少年的健康成长有赖于学校、家庭、社会各个方面共同努力。学校和教师发现青少年有不良行为倾向时，应当及时与学生家长取得联系，争取得到家长的积极配合。作为影响孩子成长的“重要他人”，家长的言行对青少年的兴趣倾向、行为习惯形成都有潜移默化的影响。家长对暴力、色情等社会亚文化的热衷以及过度接触，必然会影响青少年对此类亚文化的价值判断和容忍度。家庭文化低俗和家庭环境恶劣会导致青少年对正常社会文化的排斥，从而使青少年从充满诱惑和堕落的不良文化群体中寻求慰藉和关爱，增加沾染社会恶习和违法犯罪的机会。因此，家长应当注意自身的言谈举止，以身作则，营造健康文明、积极向上的家庭氛围。家长应当多陪伴孩子参加有益身心健康的文化娱乐活动，加强对孩子的思想道德教育，一旦发现孩子接触不良文化，就要及时进行指导和教育。学校应当密切注意校园周边的治安状况，配合有关部门对学校周边的治安秩序进行治理整顿，坚决取缔非法游戏厅、录像厅、歌舞厅、地下书摊等，加强对影视音像、图书出版、网络媒体的管理，让青少年远离黄赌毒的危害。只要学校与家庭、社会齐抓共管，就一定能够有效地清除不良文化的源头，最大限度地遏制青少年犯罪行为的发生。

专题四：亲子关系指导

问题聚焦 1：如何走近初中学生的情绪世界？

进入青春期，初中生由于生理和心理发展不平衡，情绪容易出现不稳定和反应强烈等特点。教师要引导父母坦然面对，同时以身示范，正确引导和调节孩子的情绪。教师要充分发挥学校教育的作用，分析不同学生情绪失控的原因，注重情绪调控方法的引导，通过家校合作，帮助学生学会做情绪的主人。

精选案例：变化莫测的情绪世界

初中学生正处于少年期，情绪丰富而强烈，起伏变化大，不稳定，易冲动。他们会为一点点小事情绪高昂、热情洋溢，也会为一点点小事失落消沉、孤独压抑。

一位母亲这样说："孩子进入初中了，我们给孩子买了一部智能手机以方便联系。但是最近发现孩子沉迷于手机无法自拔，越来越离不开微信和游戏。作为妈妈，我耐心地引导过，也生气地训斥过他，限制使用和没收手机等各种方法都用过。但是矛盾依然存在，每当和孩子讨论手机使用问题的时候，孩子就会直接抗拒且情绪激动，甚至还有摔东西、摔门、拒绝吃饭等过激行为，更有甚者有一次跑到窗台打开窗户说要轻生。当他情绪爆发的时候，谈话就无法进行。我不知道如何能让孩子学会控制自己的情绪，我苦恼极了。"

一位班主任说："放学前班里在谈论第二天社会实践活动的事情，同学们都非常兴奋。谁知刚放学，只因为一名男同学管一名女同学叫'黑煤球'，这名女同学就在暴怒中打了男生一记耳光。这种情绪的瞬间变化令人哭笑不得。”

孩子上了初中以后，为什么情绪会如此变幻莫测？初中生的情绪有哪些特点？如何引导孩子做情绪的主人，管控好自己的情绪呢？

科学分析

中学时代是人生发展的关键时期，这个时期人的生理、心理发展都日渐成熟。在生理方面最明显的特点是性的发育和成熟；在心理方面，独立意识和自我意识不断增强。在人一生的大部分时间里，生理与心理的发展是相互协调的，因而个体的身心处于平衡、和谐的状态。然而青春期阶段的青少年身体发育较快，心理发育速度则相对慢于身体的发育，这就使青春期的青少年身心处于不平衡状态。由于这种身心发展的失衡引起了心理上的成人感与其本身幼稚性的矛盾，初中生才表现出与成人不同的独特的情绪状态，他们既令家长操心，也让教师担忧。

初中生的情绪特征最基本的特点就是两极性和矛盾性。两极性是指情绪容易从一个极端跳到另一个极端，变化无常，表现为苦恼时受到激励则为之振奋，热情洋溢时受到挫折则灰心丧气。情绪的矛盾性是指初中生的生理与心理之间的矛盾、个人需要与社会满足之间的矛盾、理想与现实之间的矛盾等带来的情绪上的反应。

由于情绪上的两极性、矛盾性，初中生的情绪往往呈现出以下特点。

（一）情绪不稳定，易波动

初中时代，是花季与雨季交织的季节。这一时期，由于初中生心理发展还不成熟，出现了反抗与依赖、闭锁与开放、勇敢与怯懦等青春期矛盾心理，情绪的波动性很大，从一个极端向另一个极端的转化是经常发生的。例如，取得成绩时欣喜若狂、手舞足蹈，甚至目空一切；遇到挫折或失败时，又灰心丧气、极端苦恼和自卑，中学生因考试失利而自杀的例子屡见不鲜。

（二）情绪反应强烈，易动感情

有研究表明，11—13岁女孩和13—15岁男孩的情绪，很容易受到外界影响，且反应强烈。他们可能因为一场球赛而激动得几天睡不着觉，也可能因为一句玩笑而大打出手……总之，他们会因为一件小事就产生强烈的情绪反应。

（三）情感的开放性与闭锁性相交织

初中生充满热情，富有朝气，活泼而坦率，其情感表现出开放性的特点。但由于自控能力提高，情感的外露性逐渐减少，闭锁性增强，有时会出现与外部表现不一致的现象。例如，浙江金华中学生徐某杀死生母，徐某平时的表现非常好，曾被学校评为三好学生，可谁也不曾想到，他的内心深处，早已充满仇恨，甚至暗藏杀机了。

解决办法

对于教师而言，认识到初中学生的情绪特点之后，当学生情绪失控时，需要注意以下几个问题。

首先，当学生情绪失控时，教师不能失控，要努力做到温和友善，好言安抚。引导学生先处理情绪，再处理问题。同时，教师要有“同理心”，能够站在学生的角度，体谅他们的心情，尊重他们的情感，倾听他们的诉求，让他们把负面情绪宣泄出来，这样才能心平气和地解决问题。这个过程对教师的耐心是一个很大的挑战，却是解决问题的好办法。

其次，当学生情绪失控时，教师要帮助他们寻找情绪失控的原因。情绪容易失控的学生大多有以下几个特点。（1）极度自尊或自卑。由于极度自尊或自卑，他们总是害怕被同学或老师侵犯，别人不经意的言行，也容易引起他们的激烈反应。（2）调控情绪的能力差。他们的情绪一旦爆发，往往处于失控状态。（3）人际交往能力差。这些学生不知道如何与人相处，没有朋友，不懂得理解他人，更不会从他人的角度去思考问题。教师要告诉学生，懂得控制情绪是人际交往的需要，更是现在融入集体、今后适应社会的重要前提。

再次，当学生情绪失控时，教师还要深入了解他们内心的真实想法和需求，并进行调控情绪的方法指导。初中生情绪的自我调节和疏导是解除其负面情绪的根本途径。常见的调控情绪的方法有：改变认知评价、转移注意力、合理发泄法、放松训练法、理智控制法等。从根本上说，情绪失控的学生只有改变认知评价，改变他们考虑问题的思维方式和认识事情的态度，才能学会调控自己的负面情绪，学会友好地与他人相处。

同时，面对极度担忧又束手无策的家长，教师需要在心态、方法等方面引导家长。

首先，如果孩子出现情绪失控，家长要坦然面对。家长不要再数落孩子："你怎么又发疯了？这么一点小事你至于这么大惊小怪吗？你怎么翻脸比翻书还快？"孩子升入初中，他们的身心正经历着显著变化，情绪的阴晴不定、大起大落是这个时期的常见现象。

其次，家长要管理好自己的情绪。家长应为孩子营造和谐愉快的家庭氛围，管理好自己的情绪，做到喜怒有常、喜怒有度，在应对压力方面给孩子做个好榜样。

再次，家长不要给孩子过大压力。对孩子的关心要适度。初中生的学习任务比较重，家长若过度关注孩子的营养和身体健康，这看似是很小的事情，却无形中给孩子施加了压力。这些过度的关心会让孩子在心理上产生一种负担："爸妈对我这么好，如果我没考上某某高中，真对不起他们！"所以，家长不要让自己的关心成为孩子的心理负担，对孩子的关心要视需要和情况而定。有的家长小题大做，孩子某次成绩出现波动，就立刻采取相应措施：成绩差了，忙着请家教；成绩好了，热烈庆祝一番。这些都是比较冲动的行为。因为很多因素都可能影响成绩的波动，如题目的难易程度、考试时的心理状态、考试时的身体状况等。家长要学会倾听，了解孩子成绩变化的原因后再采取行动。

最后，家长要引导孩子积极参与户外活动，尤其是体育锻炼。初中生的情绪有一定的不稳定性，这与他们认识事物不够深刻、意志力比较薄弱以及他们特有的生理因素有关。参加体育锻炼是促进情绪健康的营养剂和良药，它能帮助学生摆脱不良情绪的困扰。经常参加体育锻炼的孩子，能保持心情舒畅、改善机体器官功能、增强免疫力；当心情忧郁焦躁时，适当参加体育锻炼，有助于振奋精神。

问题聚焦2：如何对单亲家庭开展家庭教育指导？

当今社会，随着离婚率的上升，离异家庭子女越来越多。父母离异不仅可能给子女的心理健康带来伤害，离异的父母也可能出现心理缺陷，从而给子女带来消极影响。初中生对异性亲近和喜爱是其成长过程中自然出现的一种心理现象，父母应该理性对待。教师和父母要指导和帮助学生恰当地处理与异性同学之间的交往，但是不能无中生有地怀疑，不能简单粗暴地对待，更不能视而不见任其发展。教师要力求做到如下几点：（1）把握青少年发展规律，正确认识分辨学生的早恋行为；（2）要与学生平等交流，充分沟通，悉心倾听，并从正面疏导；（3）增强学生的自控能力，引导学生自主做出决定；（4）安抚家长情绪，避免过度担心，避免学生误入歧途；（5）科学安排学习和生活，多亲近大自然，增进家庭成员间的情感，让孩子信任家长。

精选案例：单亲妈妈的“过度担心”

班主任王老师收到了张红家长的短信，短信是这样写的："王老师，您好！我发现孩子最近回家比较晚，成绩也有些退步。昨天我在孩子的书包里发现了一张纸条，上面写着'窈窕淑女是张红，君子好逑八万里'，孩子是不是早恋了？她是不是分心了？是不是有男生在追她？"这位家长还给王老师发来了这张纸条的照片。

王老师知道，张红是单亲家庭的孩子。张红的妈妈一个人带着张红生活。

王老师立刻给家长回了短信："张红妈妈，您别着急，我先调查一下情况，关注一下孩子，然后再回复您。"

王老师先找到张红，和她聊天谈心。问张红为什么回家晚，张红说是因为自己参加了学校的舞蹈社团，所以回家稍晚。王老师提醒张红："回家晚了，要和家长说明，否则家长会担心的。"张红却忽然非常生气，说："我妈天天对我疑神疑鬼，稍微晚一点儿就怀疑我出去玩了，要不就是怀疑我和男生出去玩，妈妈根本就不相信我。"

王老师和张红聊天后，再根据自己的观察，推测是张红的妈妈对孩子"过度担心"。于是王老师给张红的妈妈打了电话，说孩子在学校的表现很好，参加社团活动，有自己的兴趣爱好，孩子在慢慢成长，家长可以放心，自己也会关注孩子。

科学分析

单亲家庭的教育是一个敏感而又无法回避的问题。张红的妈妈对自己的孩子有各种担心，对孩子的交往也是疑神疑鬼，不信任孩子。这种做法，让孩子也很无奈和反感。

初中阶段，是学生世界观、人生观形成的时期。他们有自己的想法，想闯出一片天地；不喜欢被束缚，有时他们也有些逆反。此时如果家长对孩子过分约束，对孩子的成长是不利的。

王老师接到家长的信息之后，采取了一系列做法：回短信，找孩子聊天了解情况，再给家长回电话。王老师非常巧妙地与张红进行非正式的谈话，学生对教师没有戒备心理，能了解到真实的情况，了解到学生真实的心理感受；给家长打电话，将学生在学校的表现告诉家长，疏解家长的紧张心理；向家长承诺会多关注孩子，请家长放心。

解决办法

面对“过度担心”的单亲家长，教师应秉持同理心，设身处地地从家长角度考虑问题。孩子几乎是家长的全部，单亲家长为孩子所付出的更多。他们担心孩子不能享受到完整的爱，所以要给孩子双倍的爱。他们的期望伴着各种担心：担心孩子受到歧视，担心孩子身体受伤，担心孩子学习成绩不好，担心孩子品质变坏……

面对“过度担心”的单亲家长，教师和家长沟通的时候要委婉地提醒家长：孩子的成长需要一个过程，这是自我蜕变的过程。这个过程需要家长的支持，但是不能过分干涉。家长如果表现出各种担忧，孩子会因为接受负面的信息，或者变得更加缩手缩脚，缺乏勇气，或者变得脾气暴躁，孤僻，不信任成人。家长过度焦虑，孩子就更无法对自己做好某件事情充满信心。真正爱孩子，绝不是过度担心、无微不至的呵护，而是让孩子在无数的经历和挫折中成长，能宽容地允许孩子犯错，守望孩子的成长。

面对“过度担心”的单亲家长，教师和家长沟通的时候要表示理解，要承诺给这个孩子更多的关注、更多的支持，让家长能放心孩子在学校的生活。在平日的教育教学工作中要润物细无声地给予这些孩子更多的关爱和支持。

专题五：统筹开发家庭教育指导资源

问题聚焦：如何开发家庭教育指导资源?

开发学校和社会的家庭教育指导资源能为家庭教育指导提供新的支持。离退休的老教育工作者是家庭教育指导工作的重要资源之一，是构建科学的家庭教育指导体系的重要力量。利用好离退休的老教育工作者对家庭教育的指导，需要各个部门搭建平台，成立讲师团，并为其提供制度保障。在实施过程中，不仅要注重讲师团的家庭教育指导实践，还要注重讲师团成员的理论学习。

精选案例：离退休教师老有所为

家庭教育指导的师资队伍问题是学校指导家庭教育的基本问题，但当前指导教师队伍资源的缺乏成为制约其发展的瓶颈。有人戏说："高校专家太理性，社会专家太感性，知名专家太遥远，持'私证''洋证'的又不靠谱。"任何一个学段的家庭教育指导都有自身的特点和规律，需要专业化的教师队伍，他们应该是最爱教育、最懂教育和最亲教育的专业群体。在这一方面，甘肃省白银市的做法值得我们借鉴。

白银市教育行政部门以离退休教育工作者协会为依托，把市教育系统关工委、家教讲师团、家庭教育指导中心、老科协教育分会几套班子整合为一套人马，并推荐德高望重的老教育工作者为骨干力量，成立了家庭教育讲师团，现在有成员31名。在这一平台上，老教育工作者充分发挥了爱教育、懂教育、亲教育的优势，有效地推动家庭教育指导步入正确轨道。首先，重视讲课内容。由讲师团每个成员准备数篇精品讲稿，先在讲师团会议上试讲，大家提出修改意见，集思广益完善后才可作为向家长讲课的内容。其次，拓大讲师团规模。各县区也组建家庭教育讲师团，并对各县区家长学校的教师进行培训，解决教师不会给家长上课之困，也保证每个家长学校都有家庭教育指导骨干教师。再次，组织公益活动。每逢重大节日，组织讲师团成员在公共场所进行家庭教育宣传的公益活动。老教育工作者一致表示，抓好家庭教育是他们义不容辞的责任。

科学分析

白银市成立的由老教育工作者组成的讲师团，充分发挥了老教育工作者的优势，解决了家庭教育指导师资队伍人员缺乏、专业性不足的问题，为家庭教育指导工作开辟了新局面。

1. 整合指导家庭教育资源，为讲师团搭建平台

市教育行政部门整合家庭教育指导资源，以离退休教育工作者协会为核心，让市教育系统关工委、市家教讲师团、市家庭教育指导中心、市老科协教育分会都为讲师团助力。同时教育行政部门把此项工作列入议事日程，由教育局思政科主管，坚持每年召开一次家庭教育指导工作会议，由政府保障家庭教育指导工作的有序开展。

2. 充分发挥老教育工作者爱教育、懂教育、亲教育的优势

离退休的老教育工作者时间较为充裕，他们也更能认识到家庭教育的重要性。讲师团的老教育工作者希望每一个家庭都能以良好的教育呵护孩子健康成长，避免当代社会由于家长工作繁忙而忽视对孩子的教育，从而导致社会不良思想观念给孩子造成伤害。在实施过程中，讲师团的老教育工作者“老有所为”，乐于奉献的精神让他们将抓好家庭教育作为义不容辞的责任。

3. 讲师团实践和理论相结合，共同保障家庭教育

在实践上，讲师团集体磨课并赴县区做家庭教育报告会，每年达 40 余场，听课家长有 3 200 余人次；培训区

县讲师团，解决教师开展支持家庭教育的困难；重大节日进行家庭教育公益宣讲。在理论探究上，还要求每个讲师团成员每年至少撰写一篇家庭教育理论文章，督促讲师团成员持续不断地学习，为家庭教育指导工作打造更好的师资队伍。

解决办法

当前，家庭教育不断开放，学校在指导家庭教育的过程中，需与家庭、社会有机结合，为家庭教育提供新的支持。通过制定科学合理的家庭教育指导体系，促进家庭教育的发展。

1. 更新家庭教育理念

当前，大多数家长的家庭教育观念较为薄弱，家长过于关注孩子的成绩，分数至上，同时把对孩子的教育过多寄托于学校和社会，却未能意识到父母的教养方式对孩子的身心健康发展具有不可替代性。

2. 开发家庭教育指导师资

充分开发文化水平较高、时间较为充裕的离退休老教师资源，发挥他们对教育事业的热爱、对下一代成长的关爱和专业的教育知识，形成指导家庭教育服务的核心队伍。

3. 建构家庭教育指导制度

由离退休老教师组成的核心师资队伍、其他教师、家长、学生、教育主管部门和社区关心教育的其他人士共同协商，逐步形成指导家庭教育的制度。

专题六：应对突发事件

问题聚焦：如何处理校园欺凌？

校园欺凌大多具有隐匿性的特征，在实践中容易被忽视，难以被教师和家长察觉。长期的校园欺凌会对学生的身心健康和人格养成造成难以消除的负面影响。校园欺凌事件如若不能正确对待和处理，则容易使学校陷入消极被动的局面。

精选案例：学生遭遇其他同学的暴力欺凌怎么办？

初中生秦平身体瘦弱，经常被同学欺负。有一次课间休息期间，班里有两个同学又开始捉弄秦平，其中一人堵住秦平的去路，另外一人拿起墙角的垃圾桶就扣在他头上，垃圾桶里面的果皮纸屑就撒了他一身。那两名男生见状，哈哈大笑起来。事后，秦平向班主任张老师反映了此事。张老师对这两名男生进行了严厉批评，并且责令他们在班会活动中公开检讨。从此以后，这两名男生就对秦平怀恨在心，他们经常在放学的路上拦住秦平进行殴打，勒索钱物，还警告秦平如果告诉老师和家长，下次就打得更重。就这样秦平被欺负了很长一段时间。直到有一天，秦平的父母发现他身上有伤痕，追问之下才得知他遭受了同学的暴力欺凌。

科学分析

校园欺凌是欺凌者长时间持续地对个人施以心理恐吓、身体和言语侵害的恶意攻击行为，且因为受害者与欺凌者之间的力量或体形等因素不对等，受害者不敢进行有效反抗。作为一种反社会行为，欺凌通常会造成受害人心灵创伤、扭曲，也会造成学习成绩下降、人际疏离，甚至对欺凌的实施者乃至旁观者也产生一定的影响。在本案例中，秦平身体瘦弱，长期遭受同学暴力威胁且不敢向老师和家长报告。而学校和教师也未能在日常的学习和生活中对秦平给予充分的关心，未能采取及时、有效的干预措施。实际上，如果学校能够更加有效地开展预防欺凌的教育，加强和改进学校的安全管理制度，引导家长正确履行监护责任，这样的事情本可以避免。

解决办法

1. 发现校园欺凌后，应当及时处理

学校应当建立健全预防和处置校园欺凌的应急预案，细化应急处置流程，明确工作环节与岗位职责。发现校园欺凌后，应当立即启动预案，第一时间积极做好受伤害学生的照顾和安抚工作，保护学生身心安全和隐私。要及时通知涉及欺凌的学生家长，并上报教育行政部门，充分沟通相关情况。情节较为严重的应与属地派出所、司法部门积极对接，做好调查了解及安全稳定工作。

2. 深入开展调查，依法实施教育惩戒

校园欺凌事件发生后，学校应适时启动调查处理程序，收集相关材料，开展深入调查，对是否属于欺凌行为进行认定。对认定实施欺凌的学生，要根据实际情况制订专门教育方案并监督他们按要求接受教育，约谈学生家长并对其进行严肃的批评教育和警示谈话，同时针对欺凌事件的不同情形依法依规采取适当的矫治措施予以相应的惩戒。对屡教不改者或者情节恶劣的严重欺凌事件，及时争取专业力量的支持，必要时可将实施欺凌的学生转送专门学校进行教育。对涉及违反治安管理或者涉嫌犯罪的学生欺凌事件，学校应及时联络公安机关依法处置。

3. 做好信息公开，正确引导社会舆论

积极主动向关心事件的社会各界及时通报处理进程，及时客观做好舆情回应工作。要站在保护未成年人的角度，坚持以生为本的教育理念，既要充分发挥警示教育作用，又要注意不过分渲染事件细节，积极引导社会网络舆情，防止事态蔓延对当事学生造成不良的影响和进一步的伤害。

4. 实施科学有效的追踪辅导

妥善做好当事学生的事后干预疏导和全体学生的教育引导工作。充分发挥群团组织、心理辅导教师、未成年人保护研究专家、社会公益人士的作用，对学生及其家人进行及时必要的心理干预与疏导，帮助学生尽快恢复正常的学习生活。对欺凌事件的实施者要进行跟踪指导，充分了解其行为动机和深层原因，有针对性地进行教育引导和帮扶，避免歧视性对待，帮助其建立正确的价值观和行为方式。

5. 深入开展学校法治教育，丰富师生防范校园欺凌的知识与技能

学校要深入开展法治教育，将防范校园欺凌内容融入

课堂教学之中，不断提升师生的法律意识。要面向全体教师开展心理健康教育、法治教育、防治欺凌教育等专题培训，强化心理危机干预意识，提高防治工作的责任意识和水平。要通过开展课堂教学、主题活动、参观实践等多种方式进行防治中小学生欺凌专题教育，丰富学生防范校园欺凌的知识与技能，使学生充分认识欺凌他人不仅是极端错误的行为，造成严重后果的还要承担相应的法律责任，让学生不做欺凌之人，不当漠视欺凌之旁观者。要帮助教师辨别校园欺凌与学生之间的游戏活动之间的区别，要教会学生应对校园欺凌的具体策略。

6. 强化学校安全管理，及时排除校园欺凌隐患

学校要建立健全预防和处置校园欺凌的组织机构与规章制度，完善学校的值班巡查制度、学生宿舍管理制度、门禁制度。加强对校园隐蔽区域的监控，针对学生易发生矛盾冲突的重点区域、重点时段，严格进行定期排查，随时查找可能发生的欺凌事件的苗头，及时发现欺凌事件，确保学生校内外活动安全。

7. 重视家校沟通与合作，引导家长正确履行监护责任

通过召开家长会、定期开展家长学校等多种途径对家长开展亲职教育和法治教育，引导家长做到：明确监护人

责任，增强法治意识；切实加强对子女的管教，做好子女离校后的监管及教育工作。定期进行家访，指导家长做好家风建设，注重子女的品行教育和健全人格培养，增强与子女的沟通交流，关注并积极与学校沟通子女日常表现和思想状况，配合学校做好子女的教育工作，同时帮助子女掌握自护方法，切实尽到监护和教育职责。

第六章 高中开展家庭教育指导的策略与方法

第一节 家庭教育指导策略

高中阶段是青少年个性形成、自主发展的关键时期，是个体从未成年走向成年的过渡期，在人的一生中非常重要。高中阶段的教育承担着育人、升学、就业的多重使命，在整个教育体系中发挥着承上启下的作用。家庭教育对高中生的成长起着至关重要的作用。学校家庭教育指导工作应以促进高中生身心健康发展为出发点和归宿。

一、以高中生身心发展特征为起点

高中生年龄一般在15—18岁，这一阶段的青少年在生理、心理、个性意识、情感以及社会性方面快速发展，个体之间的差异性增大。具体而言，高中生理性思维发展迅速，开始具有独立判断的意识；高中生社会交往愿望强烈，父母权威下降，同伴交往需求增强，与此相伴的是异性交往增多。《全国家庭教育指导大纲（修订）》指出：15—18岁儿童已经进入青春中后期，在外貌上与成人接近，身体各器官逐步发育成熟，发育进入相对稳定期；认知结构的完整体系基本形成，抽象逻辑思维占据优势地位；情绪不稳定，情感内隐，易感到孤独；自制力和意志力增强但仍不成熟。总体而言，高中生的情绪和情感仍不成熟，冲动，易被外界环境所影响。学校和教师需要了解高中阶段学生身心发展的这些特征，在家庭教育指导过程中做到有的放矢。

二、以促进高中生社会化为重点

营造良好家庭环境，促进高中生健康发展是学校家庭教育指导工作的出发点。高中生处在人生观、世界观和价值观形成的关键时期，面临树立国家意识、培养法治观念、提高人际交往与合作能力、增强社会责任感、形成崇尚真善美的道德观念等社会化的任务。家庭是孩子社会化的重要场所，父母的言谈举止对孩子社会化过程起到潜移默化的示范作用。为了更好地促进高中生的社会化，学校应将提升父母的示范行为、改善家庭社会化环境作为家庭教育指导工作的重点。

三、以高中生家长的需求为导向

高中生与父母相处的时间一般都超过15年，亲子互动模式相对稳定，家庭关系相对定型。学校和教师应充分了解高中生的家庭关系、亲子互动模式等特征，尊重家长在家庭教育中的主体地位。另外，由于同孩子相处的时间已经比较长了，家长对高中阶段的孩子有比较充分的认识和了解，因此家长对高中阶段孩子的预期比较明确。学校和教师要充分了解家长对孩子的教育预期，体现相关指导的个性化。

四、突出“高中学段”特征

与小学生、初中生家长不同，高中生家长面临孩子日渐强烈的独立意识和特立独行的行为，如何与一个“准成人”交往，如何开展面向这个阶段孩子的家庭教育，是高中生家长面临的共同问题。因此，高中阶段家庭教育指导应区别于小学和初中阶段，更不能照搬小学和初中阶段的工作模式。总体而言，高中生家长将更加聚焦于高考、生涯规划、同伴交往、社会适应等问题。学校和教师要针对高中生的具体发展情况，从学业、交往、生活和职业规划等方面，对家长与学生进行个别化指导，合理规划未来。

第二节　基于主要问题的家庭教育指导方法

《全国家庭教育指导大纲（修订）》指出，15—18岁儿童家庭教育指导的要点主要包括：引导儿童树立国家意识，培养儿童的法治观念，提高儿童的交往合作能力，培养儿童的责任意识，加强儿童美育，指导儿童以平常心对待升学。这些指导要点是学校家庭教育指导工作的重要内容，学校相关指导工作应据此展开。

专题一：家校协同育人

问题聚焦1：学校如何才能让家长参与到孩子的教育中来？

国内外学者的相关研究成果表明，家长参与可以提升孩子的学业表现，促进孩子更健康地发展。因此，提高家长的参与水平和效率，更好地实现家校共育，是学校家庭教育指导工作的重要目标。

美国约翰斯·霍普金斯大学教授爱泼斯坦将家长参与分为六大领域，分别是：（1）家长教育；（2）家校交流；（3）在家学习，即帮助家长在家学习；（4）家长志愿者，即家长无偿参与学校义务工作；（5）参与决策；（6）与社区协作。这六大领域也是学校家庭教育指导工作的主要内容。当前，我国中小学校促进家长参与的方式和形式也有很多种。例如，广泛建立的“家长学校”承担了家长教育职能；家长会、校园开放日等发挥着家校交流的功能；家长委员会、家长教师委员会等吸引着家长对学校相关管理和决策的参与。

精选案例：后勤管理家长化

近年来，我国也在大力倡导家校合作，积极促进广大家长对学校教育的参与。河南省周口市文昌中学的家校合作经验得到了家长的认同，也获得了社会的关注。

从建校之初，文昌中学就瞄准了学生的核心素养，确定了“为家长培养好孩子，为社会培养好公民，为国家培养好栋梁”的培养目标。围绕着这个培养目标，文昌中学相继提出了一系列创新的办学理念，其中“后勤管理家长化”的推行，不仅改变了传统学校管理的诸多弊病，而且大大提高了家长对学校教育的参与程度，切实促进了家校合作。

文昌中学开学第一天，就成立了家长学校。也就是从这个时候开始，这里的学生家长就多了一份工作，多了一份责任。在学校家长轮值制度下，每位家长都有机会担任校长助理，参与学校的建设。

高二（2）班学生赵洋说："虽然我们学校实行寄宿制封闭管理，但我每天都能见到我的妈妈，学校的'唤妈妈回家工程'我和妈妈都很支持。"这学期刚开学，赵洋的妈妈就向学校申请应聘成为宿舍管理员，以这种方式陪伴自己的孩子。赵洋说，自己每天中午和晚上都能和妈妈在一起，晚上会和妈妈分享一天发生的事情。而在此之前，赵洋的妈妈一直在外地工作，距离比较远，母子俩很少沟通。在文昌中学，家长只要想陪孩子，都可以应聘成为学校的职工。整个学校的保卫、食堂、寝室的相关工作全部由学生家长来做，文昌中学会按照市场价格给家长劳务报酬。高三（7）班学生曹诗文的家长说："我在学校食堂干了三年了，在这里不仅有报酬，还陪伴了女儿和儿子，也学到了很多家教知识，现在我和我的两个孩子感情非常好，儿子在母亲节的时候专门送了我一束花。"

庞艳红的家长是家长委员会的成员，他说："学校食堂不对外承包，宿管、后勤等岗位让学生家长来做。在自愿报名的基础上，学校优先安排家居农村、收入较低的家长，特别是学生的母亲来校工作。”

文昌中学校长说：“包括食堂收入在内的所有后勤收入全部交给家长委员会管理，在校工作的家长食宿减免；所有来校参加活动或看孩子的家长一律免费食宿。只要家长肯到学校和校长、班主任、老师坐到一条板凳上吃饭，心就近了，家校矛盾就少了，校园就和谐了。”

科学分析

后勤管理家长化是文昌中学家校合作的重要依托。在文昌中学，家校合作的效果显著，主要原因在于以下几方面。

1. 学校办学有顶层设计，后勤管理家长化只是学校宏观发展链条上的一环

建校之初，文昌中学就将开门办学作为自己的重要办学理念之一。将校园生活延伸到家庭、社会是文昌中学构建未来学校生活的重要部分。在德育工作中，学校注重家庭、家教、家风，把家长引导和培育成立德树人的一支有生力量。后勤管理家长化正是实现家长参与学校教育、参与孩子成长过程的有效方式。

2. 家校合作的形式应当植根于学校对学情的了解

文昌中学针对学校留守学生比较多、亲子沟通少等情况，提出了开展“五个一工程”——孩子在校三年，每位家长要来校值班一天、吃一顿饭、听一节课、参加一次座谈、做一件帮助学校管理的事情。学校让家长充分参与到孩子的教育中，更深入地了解学校、了解孩子。因此，文昌中学的家校合作是为满足学生与家长之间的互动需求展开的。

3. 家校合作的深度体现了一所学校的办学胸襟

后勤管理家长化的实施，使得文昌中学的所有校工全部来自家长。在文昌中学，家长只要想陪孩子，都可以应聘成为学校的职工。现在，文昌中学的餐厅、水电、保洁、保卫、寝室管理、校园绿化、维修等全部由家长负责。让每一位家长都可以参与学校的管理，让家长对学生在校时的学习、生活有深入的了解。比如：与学生一起在餐厅就餐，可以监督学校饮食的管理情况；参与听课、评课，与孩子一同学习，可以了解孩子的学习状况，督促教师提升教学质量。开门办学，让家长看到了学校领导、老师的辛苦付出。对于家长发现的问题，学校及时地改进和调整，让学校的各项工作更加完善。

解决办法

1. 倡导学校的社会责任，对学校管理者的办学眼界提出了更高的要求

文昌中学的家庭教育指导工作并没有局限于给家长上课、组织家长听讲座等，学校办学者有更高的工作站位和思考。以后勤管理家长化为抓手，促进家长广泛参与学校各项工作，切实增强了家校共信，真正实现了家校合作。不仅如此，文昌中学从学生入手，推行小手拉大手，从而影响整个家风，用学生、家长的变化，带动社会风气的转变。通过几年的办学，净化了学校周边的社会风气。家校合作的内容和形式需要广大学校管理者重新思考学校对于社会的意义和价值。

2. 形式灵活多样的家校合作，助力学校的特色发展、优质发展

文昌中学通过家校合作，积极促进家长广泛参与学校各项工作。家长对学校的参与，是一种财富。在文昌中学看来，借助家长的智慧和力量可以更好地促进学校的发展。学校走班选课，项目多、班级多、教师少，现有师资做不了，怎么办？家长群里找！聘家长为教师——魔术课没有老师，瑶瑶的爸爸来上课；戏曲教师缺乏，小宇的妈

妈在剧团工作；跆拳道没老师，倩倩的爸爸来上课；播音主持没教师，小江的妈妈在电视台工作；写作课缺老师，宁宁的爸爸是记者……

3. 通过家校合作，学校家庭教育指导的社会效益斐然

文昌中学秉承“改变孩子先改变自己”的理念，为引领广大家长转变家庭教育观念、掌握科学有效的教育方法，每周三、周六上午举办“智慧父母大讲堂”，通过一系列家庭教育知识的宣讲，大大提高了家长自我教育的积极性，带动了周围乡村文明风气的形成，连辖区的干部都说：“文昌中学的到来，让这里的市郊农村濡染了儒道文明，连上访户都减少了！”这再次说明，学校家庭教育指导的受益者是整个社会，充分体现了新时代学校应有的社会担当。

问题聚焦2：如何将学校德育融入家庭教育？

要让家长充分参与学校德育工作，促使家庭更多地承担起培育、传承、弘扬主流价值观的作用。在家庭教育指导工作中，学校应不断摸索、优化学校家庭教育指导工作模式，组织更多贴近学生和家庭、彰显校本特色的活动，促进学生健康成长。

精选案例：学校德育工作的现实困境

高中阶段是学生世界观、人生观、价值观形成的关键时期，思想品德教育是高中学校的重要任务。当前，如何让高中生对社会主义核心价值观高度认同并身体力行是德育工作的难点，传统的说教对于当前高中生而言效果不明显。家庭是学校德育工作的重要阵地，发挥家长的作用是开展社会主义核心价值观教育的重要举措。然而，现实中家庭对德育的重视度普遍不够。2019年，首都师范大学教育学院在全国的一项调查显示：家长认为孩子最紧迫的发展目标中，仅有45.2%的家长选择“品德道德”，在所列的八项关于孩子的发展目标中，其选择比例列倒数第三；80.9%的校长认同“家长们普遍忽略孩子的思想道德教育”这一观点。如果家庭不重视孩子的思想品德教育，学校的德育工作将会大打折扣。在家庭教育指导工作中，调动家长对学校德育工作的支持和参与，显然是非常必要和重要的。

科学分析

如何培育和践行社会主义核心价值观？习近平总书记对少年儿童提出了希望：记住要求、心有榜样、从小做起、接受帮助。社会主义核心价值观教育的形式要与时俱进，让抽象的概念具体化，让孩子们看得见、听得懂、摸得着。同时，从孩子生命成长的角度来说，父母是孩子的第一任老师，是孩子的榜样。因此，家庭要成为青少年社会主义核心价值观教育的重要阵地，家长有责任巩固好这个阵地，发挥好这个阵地的作用。

上海市辽阳中学是上海市“十三五”家庭教育指导实验基地，也是“全国青少年集邮活动示范基地学校”。辽阳中学结合学生年龄特点，立足学校德育特色，整合教育资源，重视家教、家风、家训的传承，以邮票为载体，小角度切入，以培育和践行社会主义核心价值观为核心，开展家庭教育指导工作。

解决办法

上海辽阳中学在学校德育工作中，立足学校优势和特色，围绕“小邮票”做大文章，开展了有效的家庭教育指导工作，构建了良好的家校育人氛围，对于其他学校具有一定的借鉴价值。该校的具体做法如下。

1. 以邮票为载体传承红色故事，促进亲子互动

社会主义核心价值观在概念上是比较大而抽象的，辽阳中学在教育活动的过程中，分解、消化它的概念，注重从小角度开展教育。结合学校作为生命教育、家庭教育联

合研训基地和全国青少年集邮活动示范基地的特有资源，积极发动家长，拓展家庭教育的领域，以邮票为载体和切入点，开展丰富多彩的活动（见表6-1）。

表6-1 “方寸天地里的红色记忆”主题教育活动

活动主题	活动内容	活动目的
红色邮票共赏析	1. 邀请家长与孩子在家一起寻找、收藏、赏析红色邮票 2. 邀请家长指导孩子一起制作邮票贴片	在欣赏邮票的过程中，增进孩子对党的发展历史的了解，以实际行动继承和弘扬革命前辈的红色家风，把修身、齐家落到实处
红色故事我来讲	邀请家长给孩子讲述邮票中的红色故事	亲子共同重温红色历史，注重家庭文化建设，营造优良家风，将社会主义核心价值观扎根于家庭教育之中

邮票具有一定的史料价值，因此，人们把邮票形象地称为“连绵不断的历史记录”。它对于传播中国红色历史、弘扬社会主义核心价值观具有更为直观的教育意义。辽阳中学通过组织“方寸天地里的红色记忆”主题教育活动，调动家长的教育热情和智慧，提升家长开展家庭教育的水平，激发学生自身活力与潜力，使社会主义核心价值观教育具体化，提升家庭教育的实效性。

2. 家长走进学校课堂，促进亲子共同成长

充分挖掘家长中的教育资源，让家长走进课堂，亲子共读家书经典作品，亲子共同成长，继承优良家风，让社会主义核心价值观内化于心，外化于行（详见表6–2）。

表6–2　“走进课堂，亲子共成长”主题教育活动

活动主题	活动内容	活动目的
家风经典知多少	聘请家庭教育方面的专家，为家长开设传承家教、家风、家训方面的讲座	让家长了解传承家教、家风、家训的重要性，增强家长社会主义核心价值观教育的意识，提升家长的家庭教育能力
家书经典促成长	邀请家长走进学校课堂，利用校会课的时间，以电视栏目《朗读者》的形式，品读老一辈革命家的家书，与孩子分享家书经典故事对家长成长的影响	让孩子了解家长的成长经历，加强亲子间的沟通与理解的同时，更加坚定培养社会主义核心价值观的信念

好家风传承不仅关系着家庭成员的道德品质和精神追求，还关系着社会风气的和谐，也是社会主义核心价值观教育的重要形式。辽阳中学开展家长进课堂活动，旨在通过家庭成员品读老一辈革命家的经典家书，学习并传播一系列好家风、好家训，帮助孩子树立正确的人生观和世界观，使更多的家庭加入到培育和践行社会主义核心价值观

的队伍中来。

活动充分诠释了什么是教学相长。在教学过程中，家长和孩子都得到了提升，对于社会主义核心价值观有了进一步的理解和认同。同时，家长的教育资源得到了充分的开发，也调动了家长参与学校教育的积极性、主动性。

3. 借助“集邮节”等一系列家校互动活动，形成家校共育学校文化

在系列家校互动活动中，学校和家长紧密合作，构筑起家校共育的网络，加大与提升家庭教育的力度与质量，让家长更加重视社会主义核心价值观教育，重视孩子思想道德素质的提升，重视孩子的全面发展，关注孩子生命健康，形成家校合力，呵护孩子健康成长（详见表6–3）。

表6–3 “家长共筑”主题系列活动

活动主题	活动内容	活动目的
亲子携手“集邮节”	请家长与学校一起筹备以“方寸天地里的红色记忆”为主题的“集邮节”，并在“集邮节”上展示亲子共同制作的邮票贴片	通过节日庆典，形成良好的校园文化氛围和家庭氛围，促进亲子间的沟通和交流，让家长和孩子一起接受社会主义核心价值观教育，有利于形成良好的家庭氛围，巩固教育效果

续表

活动主题	活动内容	活动目的
亲子共谈微感言	亲子在系列活动结束后，共同撰写微感言，通过学校网站以及公众微信号进行推送	让家长和孩子达成共识，共同为培养社会主义核心价值观而努力

辽阳中学以举办“集邮节”为契机，通过营造节日庆典气氛，以新媒体为宣传平台，展示家校共育成果，让学生与家长在活动中体会民族精神与文化意识，注重家风传承，自觉践行社会主义核心价值观，传递向上向善正能量。

专题二：学生学习发展指导

问题聚焦：如何舒缓家长与学生的学业焦虑？

高中阶段的孩子面临人生的一次重要考试——高考，因此这一阶段的学习任务相对繁重，学习压力相对较大。作为高中生的家长，也会感受到这一学段的与众不同。孩子的学业压力会传递给家长，家长的焦虑也会传染给孩子。帮助家长正确认识高中的学业任务，避免过度焦虑，为孩子营造一个良好的家庭学习氛围，尤为重要。

精选案例：高中生学习压力的排解和应对

2018年6月21日，教育部部长陈宝生在成都举行的新时代全国高等学校本科教育工作会议上表示，“中国教育‘玩命的中学、快乐的大学’的现象应该扭转”。对此，每一位经历过高考的父母、老师都深有感触！

众所周知，我国大学“严进宽出”，为了能进入“严”大学，学生从小学就开始背起了沉重的书包。对于这一点，焦虑中的家长最清楚。为上小学的孩子请家教，报各种课外补习班，以期能为初中的学习打下基础；初中当然也是很重要的一环，因为只有中考考好了，才能进入好高中，为终极目标“考上好大学”做准备。小学、初中、高中，如果哪一环出问题，都可能引起连锁反应，最终导致考不上理想的大学。高中，更是百米冲刺的关键时刻。

紧张的学习、复习、备考成为我国高中生活的永恒主题！高中就只能这么度过吗？如何才能将“玩命的中学”扭转过来？

科学分析

多年来，我国教育改革的重要目标之一就是向“应试教育”宣战，倡导实施素质教育。从2001年开始的新课程改革，到2010年《教育规划纲要》发布实施，以及近年来逐步推进新高考改革，每一个举措均指向切实减轻学生学业负担，改变我国高中生“玩命学习”的状况。

总体而言，我国的一系列教育改革对于缓解高中学业压力，净化高中教育生态环境发挥了重要作用。中国青少年研究中心2009年和2016年对中、美、日、韩四国高中生进行了调查，研究人员通过对比四个国家调查数据发现：相比第一次调查，2010年以来我国高中教育取得了明显进步，教师的教学方式明显改进，学生学习压力有所减轻；此外，我国高中生在学习态度、学习习惯等诸多方面的表现优于美国、日本和韩国的高中生。然而，通过与美、日、韩等国高中生的比较，我们发现困扰我国高中生学习的一些根本问题仍然没有彻底改变。

造成这一问题的原因，除了学校教育自身的问题之外，家庭是重要的根源之一。望子成龙、望女成凤的传统家庭教育观念仍然主导着家长的教育行为，考上重点大学依然是多数家长对孩子的预期。在此背景之下，我国的相关教育改革被打折扣，例如，“学校减负，家长补”“择校热”等家庭教育选择行为加重了孩子的学业负担和焦虑。中国青少年研究中心的调查显示：我国高中生学习时间最长，有超过一半的人平时每天写作业的时间超过2小时；此外，还有接近一成的中国高中生每天还要课外学习超过4小时，这一比例在四个国家中是最高的。我国高中生学习压力普遍较大，父母的期望、自己的期望和同学的竞争是我国高中生学习压力的三大来源。

解决办法

高中虽然是人生的重要阶段，但是高中生活也仅是人生的一个片段，在此阶段如果将学习看成唯一任务，长远来看不利于个体的发展。与美、日、韩等国高中生相比，我国高中生的学习任务、学习压力还没有显著改观，不过在我国教育改革的大趋势下，相信这一问题会得到解决。此外，我们也需要认识到，各国的高中各有各的问题，各国的高中生也各有不同的烦恼。

为了减轻我国高中生的学业负担，丰富他们的高中生活，切实实现我国高中教育改革的目标，学校、家庭尚需共同努力。

一方面，学校要切实执行国家教育改革相关政策，积极推动教育教学改革，提高教育质量和效率，建立促进学生全面发展的高中校园文化，营造一个没有过重学业负担的校园。

此外，教师要尽快转变传统的教学方式，运用现代教学理念和方法开展教学，提升课堂教学水平。

另一方面，学校应帮助家长改变传统的教育观念，树立科学的人才观、成功观。指导家长客观理性地认识自己的孩子，对孩子的发展能够准确定位，不好高骛远，从而减轻孩子的学习压力。此外，学校还应指导家长多关心孩子的心理健康状况，对孩子的不良情绪及时予以关注和舒解，帮助家长营造轻松愉悦的家庭氛围，为高中生成长营造一个宽松开放的氛围。

专题三：学生健康成长指导

问题聚焦1：如何培养学生的社会责任感？

学校应加强高中生的责任感教育，促使其“独善其身”的个人主义转变为“胸怀天下”的大情怀。学校开展爱国主义教育，对于学生成长过程中责任感的习得至关重要。爱国主义教育不能仅仅是一个口号。此外，在家庭教育中应重视责任感的培养，父母要以身作则，做有责任感的家长。

精选案例：从独善其身到胸怀天下

2015年由《人民政协报》主办的“少年担当则中国强——中国梦与青少年责任感培养”座谈会上，有专家这样陈述：“现在有的青年人因为压力大跳楼，有的因为失恋轻生，有的因为没有钱去抢劫。如果他们有一丝一毫对父母、对社会的责任感，我想他们就不会滑向这样的深渊。”相反，部分专家则以汶川地震后和北京奥运会上“80后”“90后”青年的表现为例，表达对青少年责任感的信心。

对于我国当代青少年责任感的状况，人们在主观感受和评价上存在争论，然而，部分青少年责任感的缺失确实是当下一个现实问题。高中是世界观、人生观、价值观形成的关键时期，高中生责任感的培养考验着学校教育的智慧和家庭教育的格局。

科学分析

作为社会成员，每个人都肩负着对他人、对社会的一份责任。法国社会学家涂尔干在研究自杀问题时，曾提出“社会整合程度”是影响自杀行为发生的重要因素之一。整合反映着群体成员与集体的联系方式和结合状态，其实质是一种内聚力，对群体成员产生一种支持作用。一个人的社会整合程度高意味着他具有较强的社会责任感，其发生自杀的概率相对就低。碰到问题就选择轻生是一种没有责任感的表现。

心理学家则借助“亲社会行为”的概念，研究个体责任感。“亲社会”反映了人们对外部世界的趋近和认同；“亲社会行为”是指发生在人际互动过程中的一种积极的社会行为。亲社会行为根源于人们的责任感，即对他人处境的积极关注，并在认知和情感基础上表现出指向他人福祉的行为。具有责任感的行为不仅能够为个体和群体带来物质和精神利益，而且还能够促进人与人、人与社会乃至人与自然之间的和谐关系。

学校教育中偏重知识学习，注重升学导向，忽视了包括责任感在内的其他重要能力的培养。长久以来，知识改变命运，教育改变身份的观念主宰着国人的教育观念。从传统的“学而优则仕”到如今的“找个好工作”一直是人们读书的主要动力。当学校教育也为这种社会意识所左右之时，学校教育收获的是“满腹经纶”却不知道如何做人、不理解何为生活的社会成员。

精致利己主义是责任感缺失的另一种极端表现。不良的家庭教育是培养精致利己主义者的温床。首先，部分家长自身缺乏责任感，在市场经济的社会环境中，以个人物质利益最大化为目标，这给孩子们树立了不好的榜样。其次，部分家长格局不高，向孩子灌输“绝不能吃亏”“好好学习，其他的不要管”等观念。再次，部分家长无原则地满足孩子的需求，反过来塑造了孩子以自我为中心的个性倾向。此种家庭环境培养出的孩子遑论对他人、对社会的责任感。

解决办法

为了提升学生的责任感，促使其“独善其身”的个人主义转变为“胸怀天下”的大情怀，需要学校和家庭的共同努力。

首先，增强家长培养孩子责任感的意识。相对于学习成绩而言，孩子的责任感是一种看不见摸不着的，很难在短期内见到的成效。当前，大部分家长的家庭教育更偏重于孩子的学科学习。有不少家长甚至认为，孩子随着年龄的增长，其责任感会慢慢培养起来，抑或将责任感的培养推给学校，认为应是学校德育工作的重要任务。因此，学校在家庭教育指导工作中，应首先让家长改变观念，积极主动地去承担责任感教育的任务。

其次，帮助家长改进传统的家庭教育方式。当前，家庭教育中存在一些与责任感教育相悖的方式。例如，孩子犯了错误，家长的第一反应就是惩罚，然而这种教育方式可能与孩子的责任感培养南辕北辙。正确的方式是首先让孩子认识到自己的错误，并愿意为自己的行为负责。当家长的这种教育方式成为一种习惯时，犯了错误首先去寻找自己的过失就会成为孩子的一种习惯，这样就可以有效地避免孩子的“融合心理”，孩子就不会出现推卸责任的问题了。

最后，向家长传达责任感教育的方法和策略。第一，有意识地交给孩子一些任务，培养孩子独立做事的能力。随着孩子年龄的增长，家长要逐步教育孩子自己的事情自己做。高中生已经有了独立做事的能力和意愿，家长应该放手让孩子独立去承担一些任务。在做事情之前，家长提出具体要求，鼓励孩子认真完成。如果孩子遇到困难，家长可以在方法上给予指导，但不要包办代替，让孩子有机会独立完成任务。第二，鼓励孩子做事要有始有终。高中生心智尽管比初中生要成熟不少，但是随意性还很强，往往是虎头蛇尾或有头无尾。所以交给孩子做的事情，哪怕是很小的事情，家长也要有检查、督促和对结果的评价，以便培养孩子持之以恒、认真负责的好习惯。第三，适当地让孩子了解一些家长的忧虑和难处，引导孩子独立思考和选择，大胆发表自己的见解。让孩子感到家庭的美满幸福要靠爸爸妈妈和自己的共同努力，增强孩子的参与意识和责任感。

问题聚焦2：如何进行良性的亲子互动？

高中生成长的道路上，伴随其独立意识的增强，父母或许会感到失落，这是一种正常的现象。作为子女的高中生在与父母关系日渐疏远的过程中，他们又何尝不是一名“失落者”？因此，指导家长与高中生一起成长是学校家庭教育指导工作的重要目标。

精选案例：成长中的独立与失落

亲子关系是世界上最神奇的关系。有一位母亲看着日渐长大的儿子，曾写下这样的文字：“以前我总是说自己没有时间陪孩子，现在倒好，我时间充足了，可是孩子没时间来陪我了。以前他总会在我工作时，站在我旁边说：妈妈你什么时候工作完啊？你陪我玩好不好？现在每次他做功课，我不敢站在他旁边，我怕打扰他学习。以前都是他周末拉着我的手出去玩，现在一到周末，他只和同学出去玩，再也没说过要和我一起出门。以前……”由此，这位母亲发出这样的感叹："孩子啊，如果可以的话，你能不能等等妈妈！你能不能长得慢一点，让妈妈再多享受享受和你在一起的时光，妈妈真的不想这么快地老去！"作为父母，期待孩子长大成人，然而，等孩子真的长大了，父母又会感受到无尽的落寞。这种感受是一种跨越国别和民族的人类情感。对此，英国心理学博士西尔维娅·克莱尔解释说：世界上几乎所有的爱都以聚合为最终目的，只有父母的爱以分离为目的，即为了让孩子作为一个独立的个体从他们的生命中分离出去。然而，这一过程于父母而言，却充满了惆怅和失落。为何我最心爱的孩子与我日渐疏远？这难道是父母伴随孩子独立时一定要承受的代价吗？

科学分析

经历了初入青春期的蹒跚，高中生青春期的身体变化更为剧烈，由此自然也会引起心理上的剧变。渴望独立、渴望作为一个独立个体面对父母的意愿更加强烈。因此，作为成年人的父母、老师，可能已经跟不上高中孩子成长的脚步了。感到孩子与自己无话可说，感到孩子在疏远自己，在父母面前孩子们把自己隐藏得很深。其实，这是一种正常、普遍的现象，并不是孩子出了问题，也不是父母与孩子的关系出了大的问题。它预示着孩子已经日渐成熟，已经初步形成了相对独立于父母的世界观和价值观。孩子对父母无话可说，父母又何尝不是不知该对孩子说些什么？造成这一现象的原因，主要有以下几个方面。

首先，高中生渴望独立，也会选择各种形式去实践独立，其中最有可能做到的就是从爸爸妈妈无微不至照顾中独立出来，这是脱离依赖的第一步。不说话，就是一种独立。他们想改变孩提时代依赖父母的幼稚形象，在交流上改变对父母无话不说、问啥都和盘托出的立场，这其实是一种宣示独立的方式。

其次，高中生形成了不同于父母的价值追求。高中生通过课堂学习、阅读、社交等方式，已经学到了很多东西，渐渐形成了相对独立的价值判断。在某些知识方面，他们甚至已经超过了父母；在某些问题的看法上，他们也学会了独立思考。

最后，父母的成长相对于孩子的快速发展而言，是停滞的。经过初中三年时间，孩子从初中生变成了高中生，而父母依然还是他们的父母，没有发生实质性的变化。父母与孩子的关系没有变，但是孩子身心却经历了显著变化，而父母对此并不太了解，或者忽视了孩子的变化。许多父母不清楚孩子们心里想的是什么，不了解他们的兴趣爱好，还习惯性地用老方式和他们聊天，自然会引起孩子的抵触。一名高中生这样回忆和父母的交流：“爸爸在外地上班，每年春节才回来，每次回来都是和我聊一些柴米油盐的生活琐事，要不是就张家长李家短的家务事，每当听到他们在我耳边唠叨这些时，我就想大声冲他喊：‘这些和我有关系吗？！我心里想什么，你们真的关心吗？’”

解决办法

父母都希望自己的孩子快速成长起来、独立起来，但是在孩子快速成长的同时，作为父母如果不与孩子一起成长，可能就会处于与子女无话可说、无事可聊的尴尬境地，经历心理上的巨大失落。为此，“陪伴成长”在高中阶段显然不是过时的话题。

1. 指导家长适应高中生身心发展变化的特点，树立恰当的“孩子观”

既要把高中生看成孩子，又不要把他们看成小孩子。一方面，把他们看成孩子，强调要深入了解他们的心理，知其喜怒哀乐，谈其喜怒哀乐，而不是要谈大人们自己感兴趣的话题；另一方面，不要把他们看成小孩子，强调在与其互动过程中把他们看成“准大人”，尊重他们的观点，倾听他们的想法，平等地与他们相处。

2. 鼓励家长做一个善于学习、不断成长和成熟的父母

父母是天职。作为一种“职业”，伴随孩子的逐渐长大，“父母”的内涵需要不断丰富，其中就包括作为父母的能力需要不断提高，作为父母的观念不断随着孩子的年龄增长而更新。只有这样才能与孩子始终处在同一个世界。因为孩子在不断成长，高中阶段他们在世界观、价值观、人生观上已经有了显著变化，如果父母此刻不再追求成长和成熟，就会被淘汰出局，被孩子们“嫌弃”。对此，学校可开展以亲子互动为主题的活动，以学校活动为媒介，为家长跟上孩子成长的脚步而提供平台，促进家长伴随孩子的成长而成熟。

3. 帮助家长积极寻求应对方法和策略

对此，学校可以举办专家讲座、家长沙龙，开设心理调节相关课程，培养家长面对失落的勇气和能力。

此外，在这一过程中，高中班主任还可以就高中生与父母的关系开展班级讨论，让这些同龄的孩子们分享交流彼此的困惑和不解，以平和的心态审视自己的父母，反思自己与父母的关系。这在一定程度上能缓和亲子关系。

专题四：农村家庭教育指导

问题聚焦：如何让教育的温暖浸润每个炊烟升起的村庄？

农村地区学校在进行家庭教育指导时，应充分考虑到当地家长群体特征，因地制宜地开展工作。一方面，更新家长教育理念是基础性、先导性工作。另一方面，家庭教育指导不是学校单方面的输出过程，而是需要教师、家长与孩子之间的双向互动交流，形成教育合力。

精选案例：乡村中学面临的家校沟通烦恼

由于我国长期存在社会二元分化现象，农村教育大多处于弱势状态，仅仅依靠校长、教师的苦苦支撑，很难在学生培养方面有所突破。学校教育需要家长的支持，家庭教育需要学校给予科学的指导。只有二者步调一致、相互补充、形成合力，才能成功。

一所距离县城20公里的乡村中学，六排平房低矮破旧，安全性堪忧；家校矛盾突出，连家长会都开不起来，家长到会率只有60%；教学质量末位徘徊，很多孩子选择到外面上学，辍学严重，学生只剩下三百多人，学校面临被撤并的境地……这是我国西部某偏远地区农村学校的办学现实。该校校长反映，当前学校办学过程中面临诸多挑战：很多家长白天忙于工作，没有时间学习系统的家庭教育知识；由于和学校、老师缺少沟通交流，家长无法和学校形成教育孩子的合力；有的家长疏于对孩子的家庭教育，亲子关系紧张，矛盾突出，导致孩子出现严重的叛逆倾向等心理问题，而家长缺乏有效的家庭教育方法，面对问题束手无策；隔代教育带来的问题较为突出，如祖辈对孙辈的要求是有求必应，不讲原则……

如何提高农村家长科学育儿水平，让家长愿意参与学校家庭教育指导活动，从而实现更好的育人效果呢？

科学分析

农村地区大部分家长受文化水平低、视野狭窄、规划能力差的限制，对家庭教育的重视程度及开展家庭教育的能力都有待加强，导致这种困境的原因有以下几个方面。

首先，家长教育理念陈旧。在教育内容方面，存在着重养轻教，或只关注学习成绩的现象，忽视孩子品格养成及心理健康。一些父母不重视教育，将孩子视作劳动力，只关注其谋生技能的掌握。一些父母寄希望于孩子脱离农村环境，谋求更好的出路，认为只要学习成绩好，其他都不重要。在方法手段方面，多凭借代代相传的经验进行教育，方法简单粗暴。在进行家庭教育时，只关注缺点问题，忽略对于孩子优点的鼓励表扬，以呵斥打骂为主。这些片面的做法，使孩子丧失了对于学习乐趣的探索。

其次，家长认为教育是学校一方的责任，家校合作意识淡薄。这导致家长对于家庭教育作用的轻视，不能很好地配合学校开展家庭教育指导。苏霍姆林斯基说："教育的效果取决于学校和家庭的一致性。如果没有这种一致性，学校的教学、教育就会像纸做的房子一样倒塌下来。"因此，只有家校之间形成多形式、多渠道、深层次的互动交流，形成教育合力，才能使得教育效果最大化。

最后，亲子关系不和谐或家长与孩子沟通较少，对孩子身心发展状况不了解。家长与孩子的沟通仅限于学业成绩和在校表现，情感关怀和心理疏导较少。家长普遍存在不知如何与孩子沟通的问题。另外，伴随社会的发展与转型，留守儿童家庭、流动人口家庭增加，导致家庭教育问题愈发突出，家庭教育指导的重要性愈发凸显。

解决办法

家庭是孩子成长的主要场所，对于其后续发展起着至关重要的作用，家庭教育是学校教育的补充和延伸。而多数农村家长对于家庭教育缺乏理解与认知，因此，帮助家长认清学校教育与家庭教育之间的关系，是开展家庭教育指导的首要工作。此外，家庭教育与学校教育同等重要。虽然家长与教师所扮演的角色、发挥的功能不同，但对于儿童成长所发挥的作用是同等重要的。只有认识到这一点，才能将两者有机结合在一起，置于同等重要的地位。

在厘清学校教育与家庭教育关系的基础上，面对农村家庭中，家长教育理念相对落后、方式简单及亲子关系较淡漠等问题，学校在开展家庭教育指导时，可以从以下几个方面着手。

首先，提高认识，加强宣传，在农闲时间和人员较为集中的地点，开展家庭教育宣传指导。通过把家长会开到农家院、成立乡村夜校的方式，与家长面对面交流学生表现，征求办学意见，开展家庭教育讲座，播放家庭教育视频，组织农家院读书活动等，进行接地气的家庭教育指导。这种仪式感较强的活动，有利于家长增强学习意识，树立正确的家庭教育观，对于提升农村地区家庭教育质量，发挥着基础性推动作用。

其次，家校联动，家长、教师形成学习共同体，密切交流，搭建沟通平台。校长撰写家庭教育文章，教师撰写育人反思，家长撰写亲子日记，学生撰写成长周记，这种家校之间、师生之间、亲子之间的双向互动交流，有助于形成家庭教育共同体，协同提高家庭教育质量。

最后，学校精心确定每次家庭教育指导活动主题，内容真实生动，方式多样化，避免单一的理论说教。家庭教育指导对象主要为家长，因此应考虑到成人的学习规律。结合农村地区家长的特征，尤其在前期，多采用案例研讨、观看影片、实践体验等家长喜闻乐见的方式，增强家长的参与感和获得感，调动其积极性。

专题五：统筹开发家庭教育指导资源

问题聚焦：如何开发家长资源，推动学校生涯教育发展？

学校生涯教育中，家长是重要的资源，如何充分发挥家长的作用，需要学校管理者的智慧。学校应该鼓励家长以多种方式和孩子互动，为家长和孩子互动创造机会和平台是学校家庭教育指导工作的重要方式。

精选案例：学校生涯教育的现实困境

高中阶段是学生世界观、人生观和价值观形成的关键期，也是学生选择未来人生发展方向的关键期。在国家考试招生制度改革的背景下，对高中生开展职业生涯教育，是贯彻国家政策精神、适应高中课程改革和高考制度改革的必然选择。如何开展高中生的职业生涯教育呢？这是摆在每所高中面前的现实问题。当前，不少学校已经将生涯指导列入学校课程，作为学生的一门必修课，然而从各地实证调查研究来看，生涯教育的效果并不理想。如何对高中生开展扎实有效的生涯教育呢？充分发挥家长的主体地位，调动家长资源成为一些学校生涯教育成功的法宝。

科学分析

高中生的心理发展特点决定了生涯教育既要给他们相应的指引，又要发挥他们的主观能动性，调动他们的积极性，让他们自己学会探索，学会规划，学会自我发展。开展生涯教育是一个长期的过程，也是一个全方位的过程，中学生涯教育不能是闭门造车，而是一个迫切需要社会化的过程。家长来自各行各业，家长本身就是丰富的生涯教育资源库，家长求学、工作的经历就是真实的生动的生涯教育素材，能很好地弥补学校教育资源在职业多样性上的不足。

长春市第五十二中学开发了校本特色课程“家长大讲

堂”，即每周邀请一名家长义工督学走进学校，发挥自身职业优势，为孩子们带来全新的学习体验。孩子们在“家长大讲堂”上，开阔了视野，掌握了课本以外的知识，提升了独立生活的能力，同时，他们也了解了不同职业的特点，对未来充满憧憬，有了最初的职业规划，树立了自己的职业理想。

北京师范大学附属实验中学在多年的生涯教育实践中，除了利用开设“生涯规划”校本必选课程、学科渗透之外，还充分利用家长资源，开展“家长生涯人物进课堂”活动，让家长现身说法，帮助学生初步了解职场和初步形成职场择业的价值取向。

解决办法

生涯教育是如何开展的呢？我们可以从北京师范大学附属实验中学的总结中获得启发。

1. 统一思想，达成生涯教育的共识

生涯教育对于高中教师、家长和学生都是全新的事物，在具体运作之前如果不达成共识，根本无法进行。活动只有得到家长的认同，才会有家长进入课堂。对于家长认为的“不能让孩子输在起跑线上”，必须帮助家长搞清楚孩子的起跑线是什么。连起跑线都没有明确，何来输在起跑线上？“条条大路通罗马”，应该要先知道自己的“罗马”在哪里。帮助家长意识到高中的生涯规划是一个探索阶段，此阶段做得好与坏会影响到下一个阶段的机会。因此，每年起始年级的第一次家长会，学校会拿出专门的时间介绍生涯教育对学生未来发展的重大意义，同时指导家长如何协助学校对孩子进行生涯教育。现在家长的文化素养越来越高，视野越来越开阔，一旦他们与学校达成共识，会不遗余力地参与学校的生涯教育，并为学校的生涯教育提供宝贵的资源。

2. 通过三级家委会，为生涯教育助力

每学年开学初，在学校的统一部署下，在各班家长自愿报名和班主任推荐的基础上，成立班级家委会、年级家委会、校级家委会，把家长的力量纳入学校教育力量中，“家长生涯人物进课堂”活动的组织筹备全部由家委会来完成。校级家委会设置了专题讲座部、沙龙研讨部、活动体验部，其重要工作就是配合学校组织开展生涯教育活动。

3. 精心设计，细致培训

统一思想、达成共识后，家长们对参与学校生涯教育跃跃欲试。为此，学校对利用家长资源进行生涯教育进行了精心设计，针对不同年级设计了不同的主题活动：对那些亲自进课堂的家长，设计了“家长生涯人物进课堂”活动；对那些无法上讲台但可以提供见习机会的家长，设计了“职业见习”“职业影随”活动；对那些既不能当生涯讲师又不能提供职业见习机会的家长，学校号召他们做志愿者，为“家长生涯人物进课堂”活动和“职业见习”活动提供志愿服务。在“家长生涯人物进课堂”活动开展前一个半月，对各班家委会负责人进行培训，帮助他们理解活动的目的，熟悉活动步骤，以及如何确定主讲家长。对主讲家长也会进行统一培训，引导家长从以下几方面介绍自己所从事的职业：职业简介、选择该职业的缘由、在职场上的发展轨迹、入职条件、工作内容、工作环境、该职业对从业人员的要求（学历、知识、技能、综合素质）、个人发展空间及职业前景、作为过来人对学生的建议。这可以帮助学生更真实地了解职业世界。

正因为学校的用心设计和持续改进，参与高一年级“家长生涯人物进课堂”活动的主讲家长人数不断增长，活动频次也由最早的学校每年主办一次到现在许多班级每月甚至每周举行一次。三年后，学生对丰富多彩的职业世界有了更多的了解，为找到自己喜欢的职业做了很好的铺垫。多年的实践证明，整合家长资源，家校协同助力生涯教育，不仅让学生受益，开阔了学生视野，让学生看到自己未来发展的无限可能；也使学校受益，从不同视角审视教育、思考教育，让教育更好地服务于学生成长，为学生幸福人生奠基！

专题六：应对突发事件

问题聚焦：如何解决由校园欺凌事件所引发的家校矛盾？

精选案例：肆意羞辱导致的恶果

高一女生李玲性格内向，身材较为丰满，虽为人友好并且入学成绩优异，但是不擅于与人交往。同班女生王珊入学成绩与李玲不相上下，人缘较好，很快成为班级中的“意见领袖”。第一个学期的月考和期中考成绩李玲都好于王珊，后者就开始有意识地在同学群体中排挤李玲，并在班级微信群的互动中使用贬低嘲笑丰满体型的表情图像。班上同学开始回避和李玲说话，甚至有些男生在聊天时肆意羞辱李玲的身材外貌。从此，李玲情绪低沉抑郁，学习成绩一落千丈，在高一下学期期末向父母表示不愿上学。在了解孩子情况后，李玲的父母要求学校开除王珊等几名带头排挤李玲的同学，否则就要将事件曝光于媒体。

科学分析

上述案例中王珊的言行符合教育部等十一部门联合印发的《加强中小学生欺凌综合治理方案》中定义的“中小学生欺凌”。当前，校园欺凌事件时有发生，成为引发校园安全问题的重要因素之一。特别是互联网时代，校园欺凌事件处置稍有不慎，经过媒体的发酵，会导致欺凌事件的“次生灾害”，让身处其中的当事学生（欺凌者、被欺凌者、欺凌旁观者等）进一步受到伤害；令学校管理者、班主任教师成为舆论的焦点，损害学校的声誉，造成不良的社会影响。上述案例中李玲父母提及“媒体曝光”的砝码即给学校出了难题。

国内外的研究表明，校园欺凌事件是可以防范的，学校是校园欺凌防范、处置的责任主体。在防范、处置校园欺凌事件过程中，如何回应当事学生家长的诉求、处理好因校园欺凌事件所引发的家校矛盾，是学校家庭教育指导工作的重要内容。从学校家庭教育指导工作的角度去审视校园欺凌事件，学校管理者和教师需要树立如下观念。

首先，学校管理者和教师是防范、处置校园欺凌事件的责任人。“立法”是防治校园欺凌的重要手段之一，各国的相关法律或政策都明确规定校长是最高责任人，其他管理人员及普通教职员工有协助校长处理校园欺凌事件的责任与义务。

其次，防范是反校园欺凌的有效手段之一，而有效的防范离不开家长的参与。学校是校园欺凌发生的主要场所，但是校园欺凌一般具有隐蔽性和排他性，学校很难在其初期或萌芽阶段及时发现。家长与孩子近距离接触，关系密切，相处时间较长，一般是欺凌事件的最先发现者。上文案例中李玲同学被欺凌的情况就是她的父母首先掌握的。因此，建立与家长之间有效的信息沟通，对于防范校园欺凌的发生、防止欺凌行为严重化至关重要。

再次，校园欺凌行为的受害者和加害者都是“受害者”，在处置欺凌事件过程中，学校需要处理好与双方家庭的关系。校园欺凌的危害具有双边性，它不仅仅给受害者带来痛苦，同时也给加害者造成不幸。相关研究表明：被欺凌者如果得不到及时有效干预，会产生心理阴影，在人格发展上出现问题。对欺凌者而言，欺凌行为在童年时期习得后，尤其是没能及时得到纠正或惩戒的，欺凌行为很有可能会内化为欺凌者的习惯被带进成年生活之中。无论是在其工作场所或是在其家中，他们往往具有攻击性、反社会性，难以正常融入社会生活。因此，在校园欺凌事件的处置过程中，受害者、施害者的家长都需要相关指导。

最后，校园欺凌事件与可能由此引发的家校矛盾是学校家庭教育指导工作中面临的两类不同问题。虽然两者相关，并且都涉及与家长的沟通和交流，但是学校家庭教育指导工作的侧重点不同。在校园欺凌事件的解决过程中，学校重点是指导家长避免让孩子再次卷入欺凌事件，指导欺凌者的家长纠偏、矫正孩子的行为。对于由校园欺凌可能引发的家校矛盾，学校家庭教育指导工作的目标是构建和谐的家校关系。

解决办法

第一，建立和完善校园欺凌防范体系。校园欺凌的防范是一个系统工程。首先，学校应提升对校园欺凌行为的敏感性，从校长到每一位教职员工都应意识到杜绝欺凌是学校的核心价值观之一，当面临校园欺凌行为时，每个人都有义务去制止、干预。其次，建立校园欺凌行为的监督防范机制，明确教师、家长、学生的监督责任，力争将欺凌行为制止于萌芽状态。再次，通过课程、主题活动开展经常性教育活动，营造团结友爱的校园文化，帮助学生建立和谐的人际关系。例如编制通识性校园欺凌预防读本，并配合视频宣传资料，以学生易于接受的方式经常性地宣讲校园欺凌的危害及预防的意义，培养学生正确的社会观和价值观。此外，提升教师预防校园欺凌的能力。利用适当方式对教师进行培训，提升他们发现欺凌行为的能力。特别是提高教师与家长沟通与合作的能力，对家长的反馈、诉求保持专业的敏感性。最后，加强校园欺凌防范参与主体的多元性。学校应广泛邀请心理学家、社会学家和学生家长共同商讨对策方案，建构一套学校与政府、社会、家长顺畅合作的机制，优化预防校园欺凌的大环境。

第二，发生校园欺凌事件后，学校应首先进行自我检视和反思，从系统内部查找疏漏。校园欺凌产生的原因是多种多样的，其中学校教育自身的问题是众多原因中最为重要的一个。相关研究表明，校风、学风等学校环境因素，规章、制度等学校管理现状，教师的专业能力和水平等问题，都有可能是校园欺凌产生的诱因。具体而言，学校对学生亚文化疏于引导，助长不良群体文化的产生，教师过度追求学习成绩等功利性目标，而忽视与学生情感的沟通，进而导致缺乏对学生间欺凌与被欺凌等问题的敏感性。因此，校园欺凌一旦发生，面对家长的愤怒、公众的质疑，学校首先应做的是自我检视和反思，对家长而言这是一种积极的态度，更深层次上体现了学校应对危机的境界。一方面，校园欺凌的发生揭示了学校办学过程中存在一定的不足，这是学校系统自我完善的契机；另一方面，学校只有采取积极应对校园欺凌的态度，才能获得家长的认同与合作，为解决校园欺凌所引发的问题创造条件。

第三，密切联系校园欺凌事件的涉事学生家长，与之开展对话与合作，为其提供专业指导。校园欺凌事件的解决离不开家长的深度参与。首先，校园欺凌行为的实施者、受害者本身即是学校、家长应该特别关注的群体。上述案例中，李玲同学不擅主动与人交往、王珊同学的嫉妒心理是此次欺凌事件的诱因。相关研究表明，团体适应能力较低、人际关系较差的学生往往会成为欺凌行为的受害者。卷入欺凌事件在一定程度上揭示出孩子发展过程中的短板和不足。学校应积极与家长交流和沟通，指导家长认识到家庭教育中的不足，弥补孩子发展中的短板。其次，校园欺凌发生后，欺凌者必然要面临惩罚，受害者则需要救助。如何惩罚学生，需要得到家长的认可；如何取得预期的惩罚效果，则更需要家长的积极配合。学校应让欺凌实施者的父母认识到，相关惩罚不是目的，而是帮助实施欺凌行为的学生认识错误及其行为的危害，避免欺凌行为的习惯化，即最终目的着眼于欺凌实施者未来的发展。另外，对于欺凌行为的受害学生，学校应该采取法律、心理等多方面的救助措施。相关措施能否获得家长认可、是否能取得预期效果，也离不开与受害学生家长的沟通与交流。一方面，学校应给予实施欺凌行为的学生以惩罚，让受害学生获得公正的对待，平息其家长的不满；另一方面，应让受害学生家长认识到，惩罚实施欺凌者不是最终目的，让受害学生避免欺凌行为的长期影响、早日摆脱不良情绪、尽早恢复正常的学习生活、健康快乐地获得发展才是目标。最后，为避免欺凌事件再次发生，有必要对双方家长开展持续性的帮助。欺凌事件的解决不能止于事件的平息，更不能以惩罚和救助措施的落实为目的，学校应为涉事学生制订系统的教育方案，其中建立对涉事学生家长持续性的指导是这一方案的重要组成部分。孩子行为背后有着深刻的家庭根源，欺凌事件的平息并不能保证类似事件不再发生。为了杜绝涉事学生再次卷入欺凌事件，学校应该为这类家庭提供有针对性的指导。

第四，以校园欺凌事件的处置为契机，面向全校学生开展教育，面向全体家长开展指导。欺凌事件中并非只有欺凌者和被欺凌者，上文案例中刻意冷落李玲的学生、班级聊天时肆意羞辱李玲身材外貌的学生，以及发生欺凌行为时旁观的学生，也是校园欺凌的参与者，有意无意地助长了欺凌行为的发生。一定程度而言，班级同学间缺少“同侪关怀”、校园人际关系中“突出竞争”的文化都会成为校园欺凌发生的“土壤”，欺凌行为的发生提示学校要进一步加强全校学生的教育，引导学生形成包容、理解等积极的人际交往品质。此外，家庭教育在培养学生积极人际交往品质上发挥着重要作用。欺凌行为发生时不能有旁观者，所有家长都应引以为戒。当学校发生欺凌行为时，学校应当以此为契机开展对家长的全员指导，引导家长重视培养孩子的人际交往与合作能力、社会适应能力，帮助孩子树立正确的竞争观念。

总之，校园欺凌事件是可以防范的。一旦发生校园欺凌行为，学校首先应当深刻检视自身工作的不足。校园欺凌事件的处置过程，将考验学校应对突发事件的能力和水平。在此过程中，平息事态固然重要，但是以此为契机，推进学校相关工作的系统改进、提高教师的防范和应对校园欺凌的能力、提升学生人际交往品质、为家长开展专业指导将是化“危”为“机”，提高办学水平的可行之道。因此，从更高的站位去处置以校园欺凌为代表的突发事件，家校矛盾将会止步于萌芽状态。

附录1

家长家庭教育基本行为规范*

第一条 依法履行对未成年子女的监护职责，承担家庭教育主体责任，坚持立德树人，树牢“家庭是人生的第一个课堂，父母是孩子的第一任老师”理念。

第二条 注重家庭、注重家教、注重家风，构建平等民主和谐的家庭关系，营造相亲相爱的家庭氛围，弘扬向上向善的家庭美德，为子女健康成长创造良好家庭环境。

第三条 保护子女合法权利，尊重子女独立人格，注重倾听子女诉求和意见，不溺爱，不偏爱，杜绝任何形式的家庭暴力，根据子女年龄特征和个性特点实施家庭教育。

第四条 注重子女品德教育，引导子女爱党、爱国、

* 全国妇联、教育部于2020年8月24日印发。

爱人民、爱社会主义，形成尊老爱幼、明礼诚信、友善助人等良好道德品质，遵守社会公德，增强法律意识和社会责任感，养成好思想、好品行、好习惯。

第五条　教育引导子女养成良好学习习惯，提升自主学习能力，保护子女的好奇心和学习兴趣，理性帮助子女确定成长目标，不盲目攀比，不增加子女过重课外负担，用德智体美劳全面发展的眼光评价子女。

第六条　促进子女身心健康发展，保证子女营养均衡，科学运动，睡眠充足，身心愉悦，帮助子女形成阳光心态、磨炼坚强意志、锻炼强健体魄，保持良好生活习惯，有针对性进行性健康和青春期教育，增强孩子自我保护的意识和能力。

第七条　培养子女健康的审美情趣和审美能力，引导和鼓励子女亲近大自然，参加社会实践和公益活动，善于发现美、欣赏美、创造美，陶冶高尚情操，提升文明素质。

第八条　教育引导子女树立正确的劳动观念，参加力所能及的劳动，在出力流汗中体会劳动创造美好生活，提高生活自理能力，养成良好劳动习惯。

第九条　注重自身言行，在日常生活中做到爱岗敬业，诚信友善，孝老爱亲，遵纪守法，为子女树立良好的榜样，与子女共同成长进步。

第十条　积极参与家校合作和社区活动，尊重教师和社区工作者，理性表达合理诉求，用好各类教育资源，在家庭、学校、社会协同育人中发挥作用。

附录2

全国家庭教育指导大纲（修订）*

为深入贯彻习近平总书记关于家庭教育的重要指示精神，落实全国教育大会精神，按照新时代党和政府对家庭教育以及未成年人思想道德建设工作的部署和要求，进一步深化家庭教育指导服务，提高全国家庭教育总体水平，促进儿童全面健康成长，依据《中华人民共和国宪法》及《中华人民共和国未成年人保护法》等相关法律法规，修订《全国家庭教育指导大纲》（以下简称《大纲》）。

一、适用范围

《大纲》适用于各级各类家庭教育指导机构、相关职能部门、社会团体、宣传媒体和家庭教育指导者，对新婚

---

* 全国妇联、教育部、中央文明办、民政部、文化和旅游部、国家卫生健康委员会、国家广播电视总局、中国科学技术协会、中国关心下一代工作委员会于2019年5月14日联合印发。

夫妇、孕妇、18岁以下儿童家长（父母或其他监护人）开展的家庭教育指导服务行为。

二、指导原则

家庭教育指导是指相关机构和人员为提高家长教育子女能力而提供的专业性支持服务和引导。家庭教育指导工作应坚持以下基本原则。

1. 思想性原则。遵循党的教育方针，以促进儿童全面健康成长为目标，以立德树人为根本任务，通过实施科学的家庭教育指导，推进家庭教育在培养德智体美劳全面发展的社会主义建设者和接班人中发挥重要基础作用。

2. 科学性原则。遵循家庭教育规律，为家长提供科学化、专业化、规范化的指导服务，家庭教育指导机构和指导者应具备相应的专业资质和能力。

3. 儿童为本原则。尊重儿童身心发展规律和个体差异，创设适合儿童成长的必要条件，保护儿童各项权利，促进儿童自然、全面、充分、个性发展。

4. 家长主体原则。确立为家长服务、提供支持的观念，尊重家长意愿，坚持需求导向，调动家长参与的积极性；引导家长注重提升自身素质，注重家庭建设和良好家风传承，促进亲子互动共同提高。

三、核心理念

1. 家庭教育是学校教育和社会教育的基础。家庭是人生的第一所学校，家长是孩子的第一任老师，家庭生活中父母对儿童的教育和影响，对其良好行为习惯、思想品德、价值观的形成，健全人格培养等都具有基础性作用。

2. 家庭教育重在教孩子如何做人。家庭教育要从养成良好习惯开始，逐步培育儿童正确的价值观，培养儿童热爱党、热爱祖国、热爱人民、热爱中华民族，明礼诚信、勤奋自立、友善助人、孝亲敬老等良好思想品德，增强儿童法律意识和社会责任感，使儿童养成好思想、好品德、好习惯、好人格，培养儿童与他人、与社会、与自然和谐相处的能力。

3. 家长是家庭教育的责任主体。家长在家庭教育中负有主体责任，要依法依规履行对子女的监护职责和抚养教育义务，了解监护人法定权利和义务，学习家庭教育知识，掌握家庭教育理念和方法，提升科学实施家庭教育的能力。

4. 家庭教育是家长和儿童共同成长的过程。家长素质是影响家庭教育的重要因素，家长应当努力做到举止文明、情趣健康、敬业进取、言行一致、好学善思，自觉践行社会主义核心价值观，以健康的思想、良好的品行教育影响儿童。

5. 家庭建设是家庭教育的重要保障。家庭要倡导尊老爱幼、夫妻和睦、勤俭持家、亲子平等、邻里团结的家庭美德，创建民主、文明、和睦、稳定的家庭关系。家庭成员要共同构建优秀家庭文化、传承良好家风，为儿童健康成长营造和谐的家庭环境。家长要学会优化家庭生活，为儿童提供健康向上、丰富多彩的活动。

6. 尊重儿童成长规律是家庭教育的前提。儿童期是人生的重要阶段，有其发展规律，家长在实施家庭教育时不能违背儿童成长规律。儿童成长既有共性也有个性，家庭教育要依据儿童成长特点，采取科学的教养方式。

7. 尊重和保护儿童权利是家庭教育的基础。儿童是独立的权利主体，有生命权、健康权和获得基本生活保障的权利，有充分发展其全部体能与智能的权利；有享有国家、社会、学校、家庭保护，不受歧视、虐待和忽视的权利；有参与家庭和社会生活并就影响他们生活的事项发表意见的权利，实施家庭教育要尊重和保护儿童的各项权利。

8. 家庭、学校、社会是促进儿童健康成长的共同体。家长要认识到家校社协同育人的重要意义，主动参与家校社协同教育，尊重教师，理性表达诉求，积极沟通合作，保持开放心态，引导儿童正确认识各种现象，科学合理利用各种教育资源，促进儿童健康成长。

四、分阶段指导内容及要求

儿童发展既有连续性又有阶段性，家庭教育指导服务应依据儿童在不同发展阶段的特点开展。

（一）新婚期及孕期的家庭教育指导要点

1. 做好怀孕准备。鼓励备孕夫妇学习优生优育优教的基本知识，并为新生命的诞生做好思想上、物质上的准备。引导备孕夫妇参加健康教育、健康检查、风险评估、咨询指导等专项服务。对于不孕不育者，引导其科学诊断、对症治疗，并给予心理辅导。

2. 注重孕期保健。指导孕妇掌握优生优育知识，配合医院进行孕期筛查和产前诊断，做到早发现、早干预；避免烟酒、农药、化肥、辐射等化学物理致畸因素，预防病毒、寄生虫等生物致畸因素的影响；科学增加营养，合理作息，适度运动，进行心理调适，促进胎儿健康发育。对于大龄孕妇、有致畸因素接触史的孕妇、怀孕后有疾病的孕妇以及具有其他不利优生因素的孕妇，督促其做好产前医学健康咨询及诊断。

3. 提倡自然分娩。指导孕妇认识自然分娩的益处，科学选择分娩方式；认真做好产前医学检查，并协助舒缓临盆孕妇的焦虑心理。帮助产妇做好情绪调节，预防和妥善应对产后抑郁。

4. 做好育儿准备。指导准家长学习育儿基本知识和方法，购置新生儿生活必备用品和保障母婴健康的基本用品；做好已有子女对新生子女的接纳工作；妥善处理好生育、抚养与家庭生活、职业发展的关系；统一家庭教育观念，营造安全、温馨的家庭环境。

（二）0—3岁儿童的家庭教育指导

1. 0—3岁儿童的身心发展特点

这是儿童身心发展最快的时期。儿童的身高和体重迅速增长，神经系统结构发展迅速；感知觉飞速发展；遵循由头至脚、由大动作至小动作的发展原则，逐步掌握人类行为的基本动作；语言能力迅速发展；表现出一定的交往倾向，乐于探索周围世界；对家长有强烈依赖感；道德发展处于前道德期。

2. 家庭教育指导内容要点

（1）提倡母乳喂养。指导乳母加强乳房保健，在产后尽早用正确的方法哺乳；在睡眠、情绪和健康等方面保持良好状态，科学饮食，增加营养；在母乳不充分的阶段采取科学的混合喂养，适时添加辅食。

（2）鼓励主动学习儿童日常养育和照料的科学知识与方法。引导家长让儿童多看、多听、多运动、多抚触，带领儿童开展适当的运动、游戏，增强儿童体质。指导家长按时为儿童预防接种，培养儿童健康的卫生习惯，注意科学的饮食调配；配合医疗部门完成相关疾病筛查，做好儿童生长发育监测，学会观察儿童，及时发现儿童发展中的异常表现，及早进行干预；学会了解儿童常见病的发病征兆及应对方法，掌握病后护理常识；了解儿童成长的特点和表现，学会倾听、分辨和理解儿童的多种表达方式。

（3）制订生活规则。指导家长了解儿童成长规律及特点，并据此制订日常生活规则，按照规则指导儿童的行为；采用鼓励、表扬等正面教育为主的方法，培养儿童健康生活方式。

（4）丰富儿童感知经验。指导家长创设儿童充分活动的空间与条件，充分利用日常生活环境中的真实物品和现象，让儿童在爬行、观察、听闻、触摸等活动过程中获得各种感知经验，促进感官发展。

（5）关注儿童需求。指导家长为儿童提供抓握、把玩、涂鸦、拆卸等活动的机会、工具和材料，用多种形式发展儿童的小肌肉精细动作和大肌肉活动能力；分享儿童的快乐，满足儿童好奇、好玩的认知需要，激发儿童想象力和好奇心。

（6）提供言语示范。指导家长为儿童创设宽松愉快的语言交往环境，通过表情、肢体、语言等多种方式与儿童交流；提高自身语言表达素养，为儿童提供良好的言语示范；为儿童的语言学习提供丰富的机会，运用多种方法鼓励儿童表达；积极回应儿童，鼓励儿童之间的模仿和交流。

（7）提高安全意识。提高家长有效看护意识和技能，指导家长消除居室和周边环境中的危险性因素，防止儿童意外伤害发生。

（8）加强亲子陪伴。指导家长认识到陪伴对于儿童成长的重要性，学会建立良好的亲子依恋关系，不用电子产品代替家长陪伴儿童，多与儿童一起进行亲子阅读；学习亲子沟通的技巧，与儿童建立开放的沟通模式；关注、尊重、理解儿童的情绪，合理对待儿童过度情绪化行为，有针对性地实施适合儿童个性的教养策略，培育儿童良好情绪；处理好多子女家庭的亲子关系、子女间的关系，让每个儿童都得到健康发展。

（9）重视发挥家庭各成员角色的作用。指导家长积极发挥父亲在家庭教育中的作用；了解父辈祖辈联合教养的正面价值，适度发挥祖辈参与的作用；引导祖辈树立正确的教养理念。

（10）做好入园准备。指导家长认识儿童社会性发展的重要性，珍视幼儿园教育的价值。入园前，指导家长有意识地培养儿童一定的生活自理能力及对简单规则的理解能力；入园后，指导家长与幼儿园教师积极沟通，共同帮助儿童适应入托环境，平稳度过入园分离焦虑期。

（三）3—6岁儿童的家庭教育指导

1. 3—6岁儿童的身心发展特点

这是儿童身心快速发展的时期。儿童的身高和体重稳步增长，大脑、神经、动作技能等获得长足的进步；自我独立意识增强，开始表现出一定兴趣、爱好、脾气等个性倾向；初步具备自我情绪调节能力；愿意与同伴交往，乐于分享；学习能力开始发展，语言表达能力强；依恋家长，会产生分离焦虑；处于道德他律期，独立性、延迟满足能力、自信心都有所发展。

2. 家庭教育指导内容要点

（1）积极带领儿童感知家乡与祖国的美好。指导家长通过和儿童一起外出游玩、观看影视文化作品等多种形式，了解有关家乡、祖国各地的风景名胜、著名建筑、独特物产等；适时向儿童介绍国旗、国歌、国徽的含义，带领儿童观看升国旗、奏国歌等仪式，培育儿童对家乡和祖国的朴素情感。

（2）引导儿童关心、尊重他人，学会交往。指导家长培养儿童尊重长辈、关心同伴的美德；关注儿童日常交往行为，对儿童的交往态度、行为及时提供帮助和辅导；结合实际情境，帮助儿童理解他人的情绪，了解他人的需要，做出适当的回应；引导儿童学会接纳差异，关注他人的感受；培养儿童多方面的兴趣、爱好和特长，增强儿童与人交往的自信心；经常带儿童接触不同的人际环境，为儿童创造交往机会，帮助儿童学会与同伴相处。

（3）培养儿童规则意识，增强社会适应性。指导家长结合儿童生活实际，为儿童制订日常生活规范、游戏规范、交往规范，遵守家庭基本礼仪；要求儿童完成力所能及的任务，培养责任感和认真负责的态度；有意识地带儿童走出家庭，接触丰富的社会环境，提高社会适应性；在儿童遇到困难时以鼓励、疏导的方式给予必要的帮助与支持。

（4）加强儿童营养保健和体育锻炼。指导家长积极带领儿童开展体育活动；根据儿童的个人特点，寻找科学合理又能被儿童接受的膳食方式；科学搭配儿童饮食，做到营养均衡、比例适当、饮食定量、调配得当；科学管理儿童的体重，学习关于儿童营养的科学知识；与儿童一起制订合理的家庭生活作息制度，培养儿童良好的生活和卫生习惯；定期带儿童做健康检查。

（5）丰富儿童感性经验。指导家长重视生活的教育价值，为儿童创设丰富的教育环境，带领儿童关心周围事物及现象，多开展接触大自然的户外活动，参观科技馆、博物馆、美术馆等，开阔儿童的眼界，丰富儿童的感性经验；尊重和保护儿童的好奇心和学习兴趣，支持和满足儿童通过直接感知、实际操作和亲身体验获取经验的需要，避免开展超出儿童认知能力的超前教育和强化训练。

（6）提高安全意识。指导家长尽可能消除居室和周边环境中的危险性因素；结合儿童的生活和学习，在共同参与的过程中对儿童实施安全教育；重视儿童的体能素质，提高其自我保护能力，减少儿童伤害。

（7）培养儿童生活自理能力和劳动意识。指导家长鼓励儿童做力所能及的事情，学习和掌握基本的生活自理方法，参与简单的家务劳动，在生活点滴中启发儿童的劳动意识，保护儿童的劳动兴趣。

（8）科学做好入学准备。指导家长重视儿童幼儿园与小学过渡期的衔接适应，充分尊重和保护儿童的好奇心和学习兴趣，帮助儿童形成良好的任务意识、规则意识、时间观念，学会控制情绪，能正确表达自己的主张，逐步培育儿童通过沟通解决同伴问题的意识和能力；坚决抵制和摒弃让儿童提前学习小学课程和教育内容的错误倾向。

（四）6—12岁儿童的家庭教育指导

1. 6—12岁儿童的身心发展特点

这一阶段儿童的生理发展处在相对平稳、均衡的时期，入学学习是儿童生活中的一个重大转折。儿童的身高和体重加速发展；大脑仍在持续快速发展，以具体思维为主，逐步向抽象思维过渡；情绪总体稳定，偶有较大波动；个人气质更加明显；能逐步客观进行自我评价，注重权威评价；社会交往能力增强，开始有较为稳定的同伴关系；学习能力逐步提高，学习策略逐步完善；自理能力增强。

2. 家庭教育指导内容要点

（1）培养儿童朴素的爱国情感。指导家长重视优秀传统文化的价值，了解家乡特色习俗和中华民族的共同习俗，过好中国传统节日和现代公共节日；开展家国情怀教育，多给儿童讲述仁人志士的故事、中华民族传统美德、国家发展的成就等；指导儿童写好中国字，说好中国话；初步了解优秀传统文化的内涵，培养儿童作为中华民族一员的归属感和自豪感。

（2）提升儿童道德修养。指导家长提升自身道德修养，处处为儿童做表率，结合身边的道德榜样和通俗易懂的道德故事，培养儿童良好的道德行为习惯；创设健康向上的家庭氛围；与学校、社会形成合力，净化家庭和社会文化环境；从大处着眼，从小事入手，及时抓住日常生活事件教育儿童孝敬长辈、尊敬老师，学会感恩、帮助他人，诚实为人、诚信做事。

（3）培养儿童珍惜生命、尊重自然的意识。指导家长将生命教育纳入生活实践中，带领儿童认识自然界的生命现象，帮助儿童建立热爱生命、珍惜生命、呵护生命的意识；抓住日常生活事件，增长儿童居家出行的自我保护意识及基本的自救知识与技能；引导儿童树立尊重自然、顺应自然、保护自然的发展理念，养成勤俭节约、低碳环保的生活习惯。

（4）培养儿童良好的学习习惯。指导家长注重儿童学习兴趣的培养，保护和开发儿童的好奇心，鼓励儿童的探索行为；引导儿童形成按时独立完成任务、及时总结、不懂善问的习惯，成为学习的主人；正确对待儿童的学习成绩，设置合理期望，不盲目攀比；用全面和发展的眼光看待、评价儿童，增强儿童学习信心。

（5）培养儿童健康的生活习惯。指导家长科学安排儿童的饮食，引导儿童养成健康的饮食习惯；培养儿童关注个人卫生和环境卫生，养成良好的卫生习惯；培养儿童良好作息习惯，保证儿童睡眠充足，每日睡足10小时；为儿童提供良好的学习环境，注意用眼卫生并定期检查视力；养成科学用耳习惯，控制耳机等娱乐性噪声接触，定期检查听力；引导并督促儿童坚持开展体育锻炼，培养一两项能够终身受益的体育爱好；配合卫生部门定期做好儿童健康监测。

（6）培养儿童的劳动习惯。指导家长正确认识劳动对儿童成长的价值；坚持从细微处入手，提高儿童的生活自理能力，养成生活自理的习惯；给儿童创造劳动的机会，教授儿童一定的劳动技能，培养劳动热情，树立劳动创造价值的观念；根据儿童的年龄特征、性别差异、身体状况等特点，安排适度的劳动内容、时间和强度，做好劳动保护；让儿童了解家庭收支状况，适度参与家庭财务预算，视家庭经济状况和儿童的年龄给适量的零用钱，引导儿童合理支配零用钱，形成正确的消费意识。

（7）积极参与家校社协同教育。指导家长主动与学校沟通联系，了解儿童在学校的学习、生活情况，与学校共同完成相应的教育活动，提高儿童的学习效果；参与学校的家长委员会、家长学校、家长会活动以及亲子活动等，自觉接受家庭教育指导；积极参与学校管理，主动根据需要联系社会资源，与学校共创良好育人环境。

（五）12—15岁儿童的家庭教育指导

1. 12—15岁儿童的身心发展特点

这是儿童从童年向成年的过渡期。儿童的生殖器官逐步发育，出现性冲动和性好奇；整体身体素质好；大脑发展迅速，抽象思维能力增强，记忆和观察水平不断提高；自尊心强，重视外表，建立自我同一性成为本阶段儿童最重要的任务；情绪波动大，敏感易怒，容易有挫折感，情感内隐；易和家长产生冲突；重视同伴交往及其评价，对父母依恋减少；责任心增强，自我控制能力有明显发展。

2. 家庭教育指导内容要点

（1）重视价值观教育。指导家长理解、践行社会主义核心价值观，以身作则，为儿童树立榜样；结合发生在家庭、学校和社会的事件开展价值观教育，培育儿童正确的思想观念和价值取向；通过儿童喜闻乐见的方式，讲好中国故事，用爱国主义激发儿童的梦想，让儿童能够结合自己的现实和未来，自觉践行爱国、敬业、诚信、友善等价值准则；让儿童学习正确认识与分析问题，分辨是非。

（2）重视儿童青春期人格发展。指导家长认识青春期儿童发展特征，不断调整教养方式；帮助儿童悦纳自我；尊重儿童自主意愿，鼓励儿童独立思考与理性表达；培养儿童应对挫折适应环境的能力和坚毅品格；引导儿童以合理的方式宣泄情绪，积极调控心理，自主自助，预防和克服各种可能产生的青春期心理障碍；正确对待儿童“叛逆”行为。

（3）增强儿童学习动力。指导家长帮助儿童树立正确的学习目标，将学习的外在动力转化为内在动力；培养儿童勤奋学习、持续学习的意志力；重视儿童学习方法和学习习惯的养成，帮助儿童形成制订合理的学习计划的能力；指导儿童正确应对学习压力，克服考试焦虑，在儿童考试受挫时鼓励儿童。

（4）提高儿童信息素养。指导家长正确认识媒介对儿童的影响，掌握必要的信息知识与方法；了解儿童使用各种媒介的情况，培养儿童对信息的是非辨别能力和加工能力；鼓励儿童在使用网络等媒介的过程中学会自我保护、自我尊重、自我发展；丰富儿童生活，规范上网行为，预防网络依赖；了解网络沉溺标准，能够在专业机构和人员的帮助下，指导儿童戒除网络沉溺行为。

（5）对儿童进行性教育。指导家长充分了解青春期生理卫生知识，对儿童开展适时、适度的性教育，让儿童了解必要的青春期知识，认识并适应身体的生理变化；开展科学的性心理辅导，对儿童进行与异性交往的指导；加强对儿童的性道德教育，帮助儿童认识到对性健康和生殖健康应当采取负责任的态度和行为。

（6）构建良好的亲子关系。指导家长与儿童平等相处，理解儿童自主愿望，保护儿童隐私权；学会倾听儿童的意见和感受，学会尊重、欣赏、认同和分享儿童的想法；学会运用民主、宽容的语言和态度对待儿童，促进良性亲子沟通。

（7）重视生涯规划指导。指导家长正确认识自己的孩子，帮助儿童客观认识自我，勇于面对现实，保持信心；支持儿童参与志愿服务、研学等社会实践活动，协同学校合理安排儿童进行一定的农业生产、工业体验、服务业实习等劳动实践，引导儿童加深对各种职业的了解；协助儿童综合分析学业水平、兴趣爱好，并根据个性特征合理规划未来；宽容对待儿童在做自我选择时与家长的分歧。

（六）15—18岁儿童的家庭教育指导要点

1. 15—18岁儿童的身心发展特点

这一阶段的儿童已经进入青春中后期。儿童在外貌上与成人接近，身体各器官逐步发育成熟，发育进入相对稳定期；认知结构的完整体系基本形成，抽象逻辑思维占据优势地位；情绪不稳定，情感内隐，易感到孤独；重视同性和异性的友谊，并可能萌发爱慕感情；自制力和意志力增强但仍不成熟；独立性强，有决断力；观察力、联想能力迅速发展。

2. 家庭教育指导内容要点

（1）引导儿童树立国家意识。指导家长引导儿童树立国家意识，增强儿童的公民意识和社会责任感，关注社会发展，将个人理想与国家需要相结合，认识国家前途、命运与个人价值实现的统一关系，学会将个人理想与国家的发展、现实的奋斗相结合。

（2）培养儿童法治观念。指导家长加强法律知识学习，正确理解自由、平等、公正、法治的内在含义及其要求，成为儿童尊法、学法、守法、用法的榜样；掌握家庭法治教育的内容和方法，引导儿童树立权利与义务相统一的观念，养成尊法守法的行为习惯，学会在法律和规则框架内实现个人的自由意志；与儿童建立民主、平等的关系，切实维护儿童权益。

（3）提高儿童交往合作能力。指导家长根据该年龄段儿童个性特点，引导儿童积极开展社交活动和正常的异性交往；以性道德、性责任、性健康、预防和拒绝不安全性行为为重点，开展性教育；对有恋爱行为的儿童，给予正确引导；鼓励儿童在集体生活中锻炼自己，学会与人相处，体验与人合作的快乐；帮助儿童学会宽容待人，正确对待友谊；了解校园欺凌行为的性质、特点及家校合作的基本处理方法。

（4）培养儿童的责任意识。指导家长通过召开家庭会议等形式，与儿童平等、开放地讨论家庭事务，共同分担家庭的责任和义务，培养儿童的家庭责任感；引导儿童树立社会责任感，正确处理个人与自我、与他人、与社会的关系，勇于承担责任。

（5）加强儿童美育。指导家长培养儿童正确的审美观，具有发现美、欣赏美、表现美的能力；让儿童接触、欣赏自然美，培养热爱自然环境、热爱祖国美好河山的情感；欣赏文学和艺术，发展想象和表现美的能力；明确内在美与外在美的关系，理解劳动能创造美；加强自身修养，践行文明礼仪；增强对个性美的感受，提高自我评价能力，形成文明健康的生活方式。

（6）指导儿童以平常心对待升学。指导家长在迎考期间保持正常、有序的家庭生活，科学、合理安排生活作息，保证儿童劳逸结合，身心愉快；保持适度期待，鼓励儿童树立自信心，以平常心面对考试；为儿童选择志愿提供参考意见，并尊重儿童对自身的未来规划与发展意愿。

（七）特殊家庭、特殊儿童的家庭教育指导

帮助家长了解国家对特殊儿童及相应家庭的支持政策，引导家长接受儿童的身心状况及家庭现状，调整心态，合理期望；学会获取社会公共服务。

1. 特殊家庭的家庭教育指导

（1）离异和重组家庭的家庭教育指导。引导家长正确认识和处理婚姻存续与教养职责之间的关系，对儿童的教养责任不因夫妻离异而撤销，父母不能以离异为理由拒绝履行家庭教育的职责。指导家长学会调节和控制情绪，不在儿童面前流露对离异配偶的不满，避免将自身婚姻失败与情感压力迁怒于儿童；不简单粗暴或者无原则地迁就、溺爱儿童；强化非监护方的父母角色与责任，增强履职意识与能力，定期让非监护方与儿童见面，强化儿童心目中父（母）亲的形象和情感；调动亲戚、朋友中的性别资源给儿童适当的影响，帮助其性别角色充分发展。指导重组家庭的夫妇多关心、帮助和亲近儿童，减轻儿童的心理压力，帮助儿童正视现实；对双方子女一视同仁；加强家庭成员间的沟通，创设平和、融洽的家庭氛围。

（2）农村留守儿童的家庭教育指导。指导农村留守儿童家长增强父母是家庭教育和儿童监护责任主体的意识，依法依规履行家长义务，承担起对农村留守儿童监护和抚养教育的责任，确保农村留守儿童得到妥善监护照料、亲情关爱和家庭温暖。让家长了解陪伴对于儿童成长的价值，劝导家长尽量有一方在家照顾儿童，有条件的家长尤其是0—3岁儿童母亲要把儿童带在身边，尽可能保证儿童早期身心呵护、母乳喂养的正常进行。指导农村留守儿童家长或被委托监护人重视儿童教育，多与儿童交流沟通，对儿童的道德发展和精神需求给予充分关注。

（3）流动人口家庭的家庭教育指导。鼓励家长勇敢面对陌生环境和生活困难，为儿童创造良好的生活环境；处理好家庭成员之间的关系，为儿童创设宽松的心理环境；多与儿童交流，帮助儿童适应新的环境，了解儿童对于新环境的适应情况；与学校加强联系，共同为儿童创造良好的学习环境。

（4）服刑人员家庭的家庭教育指导。指导监护人多关爱儿童；善于发现儿童的优点，用教育力量和爱心培养儿童的自尊心；信任儿童，并引导儿童调整心态，保证心理健康；定期带儿童探望父（母），满足儿童思念之情；与学校积极联系，共同为儿童成长创造良好环境。

2. 特殊儿童的家庭教育指导

（1）智力障碍儿童的家庭教育指导。指导家长树立医教结合的观念，引导儿童听从医生指导，拟定个别化医疗和教育训练计划；通过积极的早期干预措施改善障碍状况，并培养儿童社会适应能力；引导家长坚定信心、以身作则，重视儿童的日常生活规范训练，并循序渐进、持之以恒。

（2）听力障碍儿童的家庭教育指导。指导家长积极寻求早期干预，主动参与儿童语训，在专业人士协助下制定培养方案，充分利用游戏的价值，重视同伴交往的作用，发展儿童听力技能和语言交往技能，不断改善儿童社会交往环境，逐步提高儿童的社会适应能力；加强对儿童的认知训练、理解力训练、运动训练和情绪训练。

（3）视觉障碍儿童的家庭教育指导。指导家长及早干预，根据不同残障程度发展儿童的听觉和触觉，以耳代目、以手代目，提升缺陷补偿。对于低视力儿童，指导家长鼓励儿童运用余视力学习和活动，提高有效视觉功能。对于全盲儿童，指导家长训练其定向行走能力，增加其与外界接触机会，增强其交往能力。

（4）肢体残障儿童的家庭教育指导。指导家长早期积极借助医学技术加强干预和矫正，使其降低残障程度，提高活动机能；营造良好家庭氛围，用乐观向上的心态感染儿童；鼓励儿童正视现实、积极面对困难；教育儿童通过自己的努力，积极寻求解决问题的方法，以获取信心。

（5）精神心理障碍儿童的家庭教育指导。引导家长营造良好家庭氛围，给予儿童足够的关爱；加强与儿童的沟通与交流，避免儿童遭受不良生活的刺激；支持、尊重和鼓励儿童，多向儿童表达积极情感；多给儿童创造与伙伴交往的机会，培养儿童集体意识，减少其心理不良因素；积极寻求专业帮助，通过早期干预改善疾病状况，提升儿童社会适应能力和生活自理能力，促进疾病康复。

（6）智优儿童的家庭教育指导。引导家长深入了解儿童的潜力与才能，正确、全面地评估儿童；从儿童的性格、气质、兴趣、能力、外部条件等实际出发，因材施教，循序渐进地开发儿童智力，发展儿童特长；坚持德智体美劳全面发展，提高儿童的综合素质；正确对待儿童的荣誉，引导儿童正确认识自己和他人，鼓励儿童在人群中平等交流与生活。

五、保障措施

1. 加强组织领导。各地各相关部门要高度重视，加强对《大纲》实施工作的领导，在组织开展社会宣传、理论研究、教材开发、骨干培训、工作督导评估时，都要以《大纲》为依据和框架。同时要引导和帮助家庭教育指导机构和指导者根据《大纲》要求开展家庭教育指导工作。

2. 明确职责分工。各地各相关部门要结合地方实际和部门职能，统筹制定实施计划，指导所属家庭教育指导机构按照《大纲》内容开展家庭教育支持服务工作。

3. 注重资源整合。各地各相关部门要加大家庭教育指导工作经费的投入，争取将家庭教育指导纳入地方财政预算或相关民生工程。要统筹各方面力量，完善共建机制，形成政府、学校、家庭、社会密切配合的家庭教育社会支持网络。

4. 加强理论研究。各地各相关部门要指导推动各级各类家庭教育研究会（学会）以及高校、科研机构加强家庭教育理论研究，在《大纲》框架下，组织研发指导教材等服务产品、制定监测评估标准等，推动加快家庭教育学科建设，努力构建家庭教育理论和学科体系。

5. 抓好队伍建设。各地各相关部门要按照《大纲》要求，对家庭教育指导者、家庭教育工作骨干、中小学幼儿园教师、托育服务机构工作人员等加强系统化的专业知识培训，提升家庭教育指导服务队伍的专业化水平，形成专兼结合、具备指导能力的家庭教育指导工作队伍。

6. 培育社会组织。各地各相关部门要加强家庭教育指导的专业社会组织的培育与孵化。以项目制的方式开展培训与资源整合，鼓励社会组织进驻社区开展家庭教育指导，让家长享受到家门口的专业家庭教育指导与咨询。

7. 扩大社会宣传。各地各相关部门要通过多种渠道，大力宣传《大纲》主要内容和实践要求，使正确的家庭教育理念和科学的家庭教育知识深入人心，为家庭教育工作开展营造良好的社会氛围。

附录3

教育部关于加强家庭教育工作的指导意见

教基一〔2015〕10号

各省、自治区、直辖市教育厅（教委），新疆生产建设兵团教育局：

为深入贯彻党的十八大和十八届三中、四中全会精神以及习近平总书记系列重要讲话精神，落实教育规划纲要，积极发挥家庭教育在少年儿童成长过程中的重要作用，促进学生健康成长和全面发展，现就加强家庭教育工作提出如下指导意见。

一、充分认识加强家庭教育工作的重要意义

家庭是社会的基本细胞。注重家庭、注重家教、注重家风，对于国家发展、民族进步、社会和谐具有十分重要的意义。家庭是孩子的第一个课堂，父母是孩子的第一任老师。家庭教育工作开展的如何，关系到孩子的终身发展，关系到千家万户的切身利益，关系到国家和民族的未来。近年来，经过各地不断努力探索，家庭教育工作取得了积极进展，但还存在认识不到位、教育水平不高、相关资源缺乏等问题，导致一些家庭出现了重智轻德、重知轻能、过分宠爱、过高要求等现象，影响了孩子的健康成长和全面发展。当前，我国正处在全面建成小康社会的关键阶段，提升家长素质，提高育人水平，家庭教育工作承担着重要的责任和使命。各地教育部门和中小学幼儿园要从落实中央“四个全面”战略布局的高度，不断加强家庭教育工作，进一步明确家长在家庭教育中的主体责任，充分发挥学校在家庭教育中的重要作用，加快形成家庭教育社会支持网络，推动家庭、学校、社会密切配合，共同培养德智体美劳全面发展的社会主义建设者和接班人。

二、进一步明确家长在家庭教育中的主体责任

1. 依法履行家庭教育职责。教育孩子是父母或者其他监护人的法定职责。广大家长要及时了解掌握孩子不同年龄段的表现和成长特点，真正做到因材施教，不断提高家庭教育的针对性；要始终坚持儿童为本，尊重孩子的合理需要和个性，创设适合孩子成长的必要条件和生活情境，努力把握家庭教育的规律性；要提升自身素质和能力，积极发挥榜样作用，与学校、社会共同形成教育合力，避免缺教少护、教而不当，切实增强家庭教育的有效性。

2. 严格遵循孩子成长规律。学龄前儿童家长要为孩子提供健康、丰富的生活和活动环境，培养孩子健康体魄、良好生活习惯和品德行为，让他们在快乐的童年生活中获得有益于身心发展的经验。小学生家长要督促孩子坚持体育锻炼，增长自我保护知识和基本自救技能，鼓励参与劳动，养成良好生活自理习惯和学习习惯，引导孩子学会感恩父母、诚实为人、诚实做事。中学生家长要对孩子开展性别教育、媒介素养教育，培养孩子积极学业态度，与学校配合减轻孩子过重学业负担，指导孩子学会自主选择。切实消除学校减负、家长增负，不问兴趣、盲目报班，不做“虎妈”“狼爸”。

3. 不断提升家庭教育水平。广大家长要全面学习家庭教育知识，系统掌握家庭教育科学理念和方法，增强家庭教育本领，用正确思想、正确方法、正确行动教育引导孩子；不断更新家庭教育观念，坚持立德树人导向，以端正的育儿观、成才观、成人观引导孩子逐渐形成正确的世界观、人生观、价值观；不断提高自身素质，重视以身作则和言传身教，要时时处处给孩子做榜样，以自身健康的思想、良好的品行影响和帮助孩子养成好思想、好品格、好习惯；努力拓展家庭教育空间，不断创造家庭教育机会，积极主动与学校沟通孩子情况，支持孩子参加适合的社会实践，推动家庭教育和学校教育、社会教育有机融合。

三、充分发挥学校在家庭教育中的重要作用

1. 强化学校家庭教育工作指导。各地教育部门要切实加强对行政区域内中小学幼儿园家庭教育工作的指导，推动形成政府主导、部门协作、家长参与、学校组织、社会支持的家庭教育工作格局。中小学幼儿园要建立健全家庭教育工作机制，统筹家长委员会、家长学校、家长会、家访、家长开放日、家长接待日等各种家校沟通渠道，逐步建成以分管德育工作的校长、幼儿园园长、中小学德育主任、年级长、班主任、德育课老师为主体，专家学者和优秀家长共同参与，专兼职相结合的家庭教育骨干力量。将家庭教育工作纳入教育行政干部和中小学校长培训内容，将学校安排的家庭教育指导服务计入工作量。

2. 丰富学校指导服务内容。各地教育部门和中小学幼儿园要坚持立德树人根本任务，将社会主义核心价值观融入家庭教育工作实践，将中华民族优秀传统家庭美德发扬光大。要举办家长培训讲座和咨询服务，开展先进教育理念和科学育人知识指导；举办经验交流会，通过优秀家长现身说法、案例教学发挥优秀家庭示范带动作用。组织社会实践活动，定期开展家长和学生共同参与的参观体验、专题调查、研学旅行、红色旅游、志愿服务和社会公益活动。以重大纪念日、民族传统节日为契机，通过丰富多彩、生动活泼的文艺、体育等活动增进亲子沟通和交流。及时了解、沟通和反馈学生思想状况和行为表现，营造良好家校关系和共同育人氛围。

3. 发挥好家长委员会作用。各地教育部门要采取有效措施加快推进中小学幼儿园普遍建立家长委员会，推动建立年级、班级家长委员会。中小学幼儿园要将家长委员会纳入学校日常管理，制订家长委员会章程，将家庭教育指导服务作为重要任务。家长委员会要邀请有关专家、学校校长和相关教师、优秀父母组成家庭教育讲师团，面向广大家长定期宣传党的教育方针、相关法律法规和政策，传播科学的家庭教育理念、知识和方法，组织开展形式多样的家庭教育指导服务和实践活动。

4. 共同办好家长学校。各地教育部门和中小学幼儿园要配合妇联、关工委等相关组织，在队伍、场所、教学计划、活动开展等方面给予协助，共同办好家长学校。中小学幼儿园要把家长学校纳入学校工作的总体部署，帮助和支持家长学校组织专家团队，聘请专业人士和志愿者，设计较为具体的家庭教育纲目和课程，开发家庭教育教材和活动指导手册。中小学家长学校每学期至少组织1次家庭教育指导和1次家庭教育实践活动。幼儿园家长学校每学期至少组织1次家庭教育指导和2次亲子实践活动。

四、加快形成家庭教育社会支持网络

1. 构建家庭教育社区支持体系。各地教育部门和中小学幼儿园要与相关部门密切配合，推动建立街道、社区（村）家庭教育指导机构，利用节假日和业余时间开展工作，每年至少组织2次家庭教育指导和2次家庭教育实践活动，将街道、社区（村）家庭教育指导服务纳入社区教育体系。有条件的中小学幼儿园可以派教师到街道、社区（村）挂职，为家长提供公益性家庭教育指导服务。

2. 统筹协调各类社会资源单位。各地教育部门和中小学幼儿园要积极引导多元社会主体参与家庭教育指导服务，利用各类社会资源单位开展家庭教育指导和实践活动，扩大活动覆盖面，推动有条件的地方由政府购买公益岗位。依托青少年宫、乡村少年宫、儿童活动中心等公共服务阵地，为城乡不同年龄段孩子及其家庭提供家庭教育指导服务。鼓励和支持有条件的机关、社会团体、企事业单位为家长提供及时便利的公益性家庭教育指导服务。

3. 给予困境儿童更多关爱帮扶。各地教育部门和中小学幼儿园要指导、支持、监督家庭切实履行家庭教育职责。要特别关心流动儿童、留守儿童、残疾儿童和贫困儿童，鼓励和支持各类社会组织发挥自身优势，以城乡儿童活动场所为载体，广泛开展适合困境儿童特点和需求的家庭教育指导服务和关爱帮扶。倡导企业履行社会责任，支持志愿者开展志愿服务，引导社会各界共同参与，逐步培育形成家庭教育社会支持体系。

五、完善家庭教育工作保障措施

1. 加强组织领导。各地教育部门要在当地党委、政府的统一领导下，把家庭教育工作列入重要议事日程，建立家庭教育工作协调领导机制，制订实施办法。积极争取政府统筹安排相关经费，中小学幼儿园要为家庭教育工作提供必要的经费保障。把家庭教育工作作为中小学幼儿园综合督导评估的重要内容，开展督导工作。中小学幼儿园要结合实际制定推进家庭教育工作的具体方案，做到责任到人，措施到生。

2. 加强科学研究。各地教育部门要坚持问题导向，通过设立一批家庭教育研究课题，形成一批高质量家庭教育研究成果。依托有相关基础的高等学校或其他机构推动成立家庭教育研究基地，发挥各级教育学会家庭教育专业委员会和家庭教育学会（研究会）等社会组织、学术团体的作用，重视家庭教育理论研究和家庭教育学科建设，探索建立具有中国特色的家庭教育理论体系。

3. 加强宣传引导。各地教育部门要开展家庭教育工作实验区和示范校创建工作，充分培育、挖掘和提炼先进典型经验，以点带面，整体推进。教育部将遴选确定部分地区为全国家庭教育实验区，部分学校为全国家庭教育示范校。各地教育部门和中小学幼儿园要树立先进家庭典型，宣传优秀家庭教育案例，引导全社会重视和支持家庭教育工作，为家庭教育工作营造良好的社会环境和舆论氛围。

教育部

2015年10月11日

后记

为贯彻落实习近平总书记关于家庭教育工作的重要指示，按照全国教育大会的重要部署，教育部将“家校协同育人”攻坚行动列入2019年“奋进之笔”攻坚计划，组织编写《家庭教育指导手册》是其中一项重要工作。教育部党组书记、部长陈宝生非常关心手册的编写工作，并提出了明确要求；教育部党组成员、副部长郑富芝对手册编写工作进行了直接指导；教育部基础教育司负责统筹组织工作，司长吕玉刚对手册的基本定位、整体构想、撰写框架等提出了具体意见，副司长俞伟跃、陈东升主持编写工作并审定全书，德育处处长荣雷参与了书稿的组织、编写和审改工作。

中国教育学会专门成立工作组，会长朱之文直接领导，秘书长杨银付、副秘书长张东燕统筹推动《家庭教育指导手册》的编写工作。中国教育学会少年儿童校外教育分会理事长、首都师范大学校长孟繁华牵头组织《家庭教育指导手册　学校卷》的具体编写工作，首都师范大学教育学院张爽、王东、王楠、刘帆等十余位骨干教师以及教育部教育发展研究中心王晓燕、中国儿童中心实验幼儿园杨彩霞等共同组成编写组，经过调查问题、设计框架、撰写书稿、征求意见和反复修改而最终定稿。中国儿童中心实验幼儿园杨霞、张玲玲，北京育英学校于会祥、刘向娟，北京金融街润泽学校刘长铭等参与撰写工作。北京市正泽学校李烈、北京师范大学陈建翔、北京师范大学实验中学杨文芝、北京四中科建宇为编写提供了诸多建议。参与审定的专家有：中国教育学会家庭教育专业委员会孙云晓、中国人民公安大学李玫瑾、中国教育学会高书国。人民教育出版社对丛书的编辑出版工作高度重视，总编辑郭戈亲自指导，丛书责编刘立德、韩华球和各册责编认真负责，付出许多辛劳。谨在此一并致谢！

由于受篇幅限制，本书内容难以面面俱到，不妥之处恳请各位教育同仁批评指正。

《家庭教育指导手册　学校卷》编写组

2020年10月